마음의 ~~눈송이~~ 점점 더
~~총총~~해지는 당신의 행복과
성숙을 기원드립니다.

인지 심리학자

dream

김경일의 지혜로운 인간생활

김경일의 지혜로운 인간생활

블루캣 에디션

당신을 위한 행복한 인간관계 지침서

김경일 지음

저녁달

내가 바꿀 수 있는 것과
바꿀 수 없는 것

　제가 인지심리학자라고 하면 사람들은 인지심리학이 뭐냐고 물어보십니다. 재미는 없지만 가장 정확하게 설명하자면 사전 정의만 한 게 없죠. 사전에서 정의하는 인지심리학은 이렇습니다.

　"인지심리학認知心理學, cognitive psychology은 실험심리학의 영역 중 하나로, 행동의 주관적인 측면을 중시하여 지식 획득과 심리적 발달 등 연관된 정신적 과정을 탐구하는 심리학의 분야이자 정보처리 관점에서의 인지활동을 연구하는 학문이다."

그동안 이처럼 건조하고 재미없는 문체로 인지심리학 책이 만들어지고 강의가 진행되었습니다. 그래서 인지심리학은 전 세계에 심리학이 개설된 대학에서 학부생들이 가장 기피하는 과목 중 하나가 되었죠. 그러는 중에도 인지심리학자들, 즉 인간의 마음과 행동을 물리학적인 시각으로 들여다보는 과학자들은 오랫동안 연구와 실험을 통해 방대한 데이터를 모았습니다. 놀라운 실험 결과들이 담겨 있지만 그래프와 표가 난무하는 인지심리학 학술서에 사람들이 쉽게 다가가긴 어려웠습니다. 그래서 오랫동안 인지심리학은 세상 속에서 사람들과 만나지 못했습니다.

제가 30년 가까운 시간 동안 인지심리학자로서 살다 보니 그래도 약간은 통찰이 생긴 것 같습니다. 그래서 언제부터인가는 인지심리학이 뭔지 물어보시는 분들께 이렇게 답을 합니다.

"인지심리학은 바꿀 수 없는 것과 바꿀 수 있는 것을 구분해주는 학문입니다."

인지심리학을 전공하는 연구진이 실험을 통해 데이터를 얻고, 반복된 연구를 통해 수많은 데이터를 축적하면, 상수와 변수에 대한 안목이 생깁니다. 어떤 것은 잘 변하지 않고 어떤 것은 쉽게 변한다는 것을 분별하는 견식이 생긴다는 겁니다. 인지심리학을 공부하는 묘미 중 하나가 바로 이 상수와 변수에 대해 알아갈 수 있다는 점입니다. 그런데 이것이 왜 중요할까요?

인생에서 가장 쉽고 빠르게 불행해지는 방법 중 하나는 '바꿀 수 없는 것을 바꾸려고 하는 것'입니다. 그리고 인생을 가장 허망하게 보내는 방법 중 하나가 '바꿀 수 있는 것을 그대로 방치하고 살아가는 것'입니다.

성격과 지능은 상당 부분 타고납니다. 그러니 상수에 가깝습니다. 하지만 성품과 지혜는 좋아질 수도 있고 나빠질 수도 있습니다. 그러니 변수입니다. 그렇다면 상수에 대한 미련을 버리고 변수를 가지고 무언가를 시도해보는 것이 중요하지 않겠습니까? 실제로도 그렇습니다. 그리고 상수보다는 변수가 더 힘이 셉니다.

 창의성은 상수처럼 보이지만 변수입니다. 타고나는 게 아니라 창의적으로 생각하게 만드는 '상황'으로 바꿀 수 있느냐 없느냐에 따라 나의 창의성이 달라집니다. 타인과 적정한 거리를 두면서 잘 지내는 능력도 타고난 성격이나 기질이 아니라 '상황'에 달려 있습니다. 이 책은 타인과 나 사이에서 바꿀 수 있는 것이 무엇이고, 바꿀 수 없는 것이 무엇인지에 대해 말하고 있습니다. '타인과 나 그리고 삶'이라는 주제로 수많은 상황 바꾸기 방법을 소개합니다. 이 책이 전가傳家의 보도寶刀와 같이 강력한 해결책은 되지 못하겠지만 사람 때문에 스트레스 받고 밤잠을 설칠 때 조금이라도 그 고통을 덜어줄 수 있기를 간절히 바랍니다. 더 이상 타인이 나를 지배하는 것을 방치하지 말고, 내가 바꿀 수 없는 것 때문에 좌절하지 않으시길 바랍니다.

인지심리학자 김경일

차례

1부 타인에 대처하는 자세 – 감정에 휘둘리지 않고
지혜롭게 멘탈 강해지는 법

2부 온전한 나로 서기 – 나에게 집중하면
인간관계에서 자유로워진다

3부 한발 더 나아가기 - 삶에 좋은 에너지를 더하는 법

1부
타인에 대처하는 자세

감정에 휘둘리지 않고
지혜롭게 멘탈 강해지는 법

감정적인 사람에게 슬기롭게
대처하는 법

파이어FIRE족이라는 말 들어보셨나요? FIRE는 Financial Independence, Retire Early의 약자인데, 경제적으로 독립하여 조기에 은퇴한다는 뜻입니다. 요즘 2030세대가 가장 꿈꾸는 성공의 유형이라고 합니다. 그들은 경제적으로 자유로워져서 더 이상 회사에 얽매이지 않는 삶을 원합니다.

사람들에게 왜 그렇게 파이어족이 되고 싶은지 물었더니 답이 다양하더군요. 그런데 그중 한 가지 이유가 뜻밖이었어요. 직장에서 받는 부당한 대우와 심리적 압박 때문에 회사를 다니는 것 자체가 너무 괴로워서 조기 은퇴하고 싶다는 것이었습니다. 일하는 곳에서 갈등에 휘말리거나 인간관계에서 불편한 감정을 느끼는 게 싫어서, 회사생활을 하고 싶지 않다는 거예요.

그런데 이런 불편한 감정은 2030세대만 느끼는 게 아닙니다. 4050세대도 소통에서 불편함과 피로감을 느낍니다. 문화적 갈등, 가치관 갈등 그리고 세대 갈등까지 겹치면서 서로 소통할 때 말 한마디 한마디가 조심스럽다고 토로합니다. 현재 4050세대가 서른 살 때 들었던 독려나 질책을 현재 2030세대에게 그대로 말한다면 어떻게 될까요? 지금 시대에는 똑같은 말이라도 누군가에게는 희롱이 되고 가해가 됩니다. 시대정신이, 가치관이 달라졌거든요.

소통을 하면 할수록 서로 상처가 많아지기 때문에 이런 상황을 회피할 수 있는 방법으로 조직생활을 떠나는 걸 선택하고, 파이어족이 되자고 생각하게 된다는 겁니다. 사회가 발전할수록 사람과 사람 사이의 소통은 더 어려워지는 것 같습니다. 이런 고민을 토로하는 분이 있었습니다. 같은 부서 후배의 업무 보고서를 체크하다가 "김지인(가명) 씨, 보고서를 이런 식으로 쓰면 안 돼. 이 부분은 이렇게 고치면 좋겠어."라고 잘못된 부분을 지적했더니, "선배님은 제가 그렇게 싫으세요? 제가 뭘 그렇게 잘못했나요?"라고 너무 억울해하며 울음을 터뜨렸다는 겁니다.

내가 일부러 상대를 기분 나쁘게 만들려고 한 것도 아니고 선을 넘는 말을 한 것도 아닌 것 같은데 지나치게 감정적으로 대응하는 사람들이 있습니다. "이건 이렇게 고치면 좋겠어."라고 조언했는데 "내가 그렇게 마음에 안 드니?"라고 반응하면 대화를 하는 동안 너무 진이 빠지죠.

나는 아주 가벼운 농담을 했는데 내 말을 듣고 굉장한 모욕감을 느꼈다고 말하는 사람도 있습니다. 직장이든 학교든 사람들이 모여 있는 조직에서는 놀랍게도 이런 일이 흔하게 일어납니다. 내가 조금 불편할 수도 있는 말을 할 때 상대방이 1에서 10 중에서 3 정도 반응할 것 같다고 예상

했는데 9만큼 반응하는 사람들이 있습니다. 반면 내가 한 칭찬에 8 정도 반응할 거라고 생각했는데 2 정도밖에 반응을 안 하는 사람들도 있지요.

이처럼 상대가 나의 예상과 너무 다르게 행동하는 경우를 맞닥뜨리면 참 당황스럽죠. 어떡해야 좋을지도 모르겠고요. 대체 왜 상대방은 내가 예상한 것보다 지나치거나 모자라게 반응하는 걸까요?

그 이유 중 하나는 바로 상대방이 가진 '마음의 눈금'이 적기 때문입니다. 마음의 눈금이란 게 뭘까요?

90년 전에는 존재하지 않았는데 지금은 흔히 쓰는 조사 방법이 있습니다. 회사에서 직원의 의견을 물어볼 때, 정부 정책에 대한 국민 여론을 조사할 때, 새로 만든 상품에 대한 소비자 평가단의 반응을 알아볼 때도 이 방법을 씁니다.

예를 들어 조사원이 신제품 시식 이벤트를 열고, 먹어보라고 권한 다음에, 설문조사지를 내밉니다. 그리고 이 중에서 골라달라고 합니다.

제품의 디자인이 마음에 드십니까?

선택지가 이렇게 7개가 있으면 7점 척도, 5개가 있으면 5점 척도가 되는데요. 전문 용어로는 '리커트 척도Likert Scale'라고 합니다. 1932년 렌시스 리커트Rensis Likert라는 사회심리학자가 개발한 태도 측정법입니다. 제 생각에 이 측정법은 스마트폰보다 더 혁신적인 도구이고, 세상을 새롭게 바꾸어놓은 대단한 기술입니다.

자, 볼까요. 1부터 7까지 물어본 후에 결괏값이 나오면 질문자는 뭘 하나요? 그걸 가지고 표를 만들고 평균을 내고, 지역이 도시인지 농촌인지에 따라 소비자들의 반응이 어떻게 다른지 비교하고, 통계적으로 유의수준level of significance(그 가설이 옳은데도 틀린 것으로 치고 기각하는 확률의 정밀도를 나타내는 수)이 얼마인지 계산을 합니다.

그런데 이러한 계산이 가능하려면 엄청난 가정 하나가 충족되어야 해요. 바로 1과 2 사이, 3과 4 사이, … 6과 7 사이가 '등간격等間隔'이어야 한다는 것입니다. 척도 간 간격이 동일해야 한다는 말입니다. 1과 2 사이의 간격, 3과 4 사이의 간격, 6과 7 사이의 간격이 같아야 해요. 등간격이라는 가정이 있어야 사칙연산을 할 수 있습니다.

그런데 '매우 좋다'와 '대체로 좋다' 사이의 간격과 '대체로 좋다'와 '약간 좋다' 사이의 간격이 같다는 걸 증명할 수 있을까요? 이에 대해 심리학자, 통계학자, 그리고 인간

의 마음을 수로 측정하는 수많은 사람이 수십 년 동안 논쟁을 했습니다.

"정말 인간의 마음에 눈금이 있어?"

"등간격의 눈금이 있어?"

이 문제는 지금도 여전히 논란이 있습니다. 어떤 학자들은 리커트 척도를 통해 얻은 응답은 평가하거나 순위를 매길 수는 있지만 응답 사이의 거리는 측정할 수 없다고 주장했고, 어떤 학자들은 척도의 개수를 늘려간다면 연속적인 척도로 보아 산술연산이 가능하고 실효성도 높다고 주장했습니다.

이러한 논쟁 때문에 제2차 세계대전 이후 1950년대와 1960년대에는 척도를 기준으로 조사하고 통계 분석한 논문을 거부하는 저널도 많았어요. [1]

"우린 그런 논문은 안 받습니다. 이건 과학 아니에요."

그런데 지금은 이렇게 광범위하게 쓰이지요. 연구자들

은 다양한 사람들을 대상으로 연구를 수행한 결과 일반적인 성인의 마음에는 7개 정도의 마음의 눈금이 있다는 사실을 알게 되었습니다. 어떤 것에 대해 좋거나 싫은 마음, 동의하거나 동의하지 않는 마음의 눈금이 있다고 가정할 수 있게 된 겁니다.

주의할 점은 중학생 이하를 대상으로 설문조사를 할 때는 7점 척도를 쓰면 안 된다는 것입니다. 기업에서 신상품 출시를 앞두고 16세 이하를 대상으로 설문조사를 할 때 저는 7점 척도를 쓰지 말라고 조언합니다. 제가 이렇게 조언하는 까닭은 무엇일까요?

10대의 마음에는 아직 7개의 마음의 눈금이 없기 때문입니다. 여러분도 중학생이었던 시절이 있으니 아시잖아요. 제 딸이 중학교 2학년이었을 때를 돌아보면 그 아이의 마음에는 눈금이 2개밖에 없었어요. 이 세상에서 최고로 행복하거나, 죽을 만큼 고통스럽고 슬프거나. 16세 이하 아이들의 마음 상태는 이 둘 중 하나입니다.

제가 한 방송사와 함께 성인과 청소년의 사고와 감정 차이를 알아보기 위한 실험을 한 적이 있습니다. 결과가 참 재미있었어요.

먼저 20대 대학생들한테 영상을 보여줍니다. 슬픈 영상, 웃기는 영상, 감동적인 영상 등 다양하게 보여줍니다. 영상이 끝나고 나면 찰흙을 한 덩이 줍니다. 찰흙은 '내가 표현할 수 있는 재미'를 상징합니다. 찰흙 덩어리가 크다면 아주 재미있었다는 뜻이고, 덩어리가 콩알만 하다면 재미가 없었다는 뜻이겠죠. 방금 본 영상이 얼마나 재미있었는지를 찰흙으로 표현해달라고 하면 찰흙 크기가 다양하게 나타납니다. 7개의 영상을 보여주면 각기 다른 7개의 크기가 나와요.

"이 영상은 진짜 재미있었고요. 이 영상은 이만큼 재미있었고요. 이건 정말 요만큼만 재미있었어요."

대학생만 돼도 이렇게 자기 마음을 세심하게 표현할 수

있어요. 그런데 중학생들은 마음을 2~3개 정도로밖에 표현하지 못해요. 초등학생은 2개죠. 물론 어른이 되어도 2개로 표현하는 사람도 있긴 합니다. 재미있는 정도에 대한 판단이 '재밌다, 재미없다'밖에 안 되는 거예요.

슬픈 영화는 표현하기가 더 힘듭니다. 슬픈 영화들을 다양한 크기로 표현하는 것은 20대 후반쯤 되어야 가능합니다. 왜냐하면 '재밌다'보다 '슬프다'는 감정은 훨씬 더 많은 맥락을 이해해야 하고 경험도 많이 해봐야 공감할 수 있기 때문이에요.

이런 실험과 연구를 통해서 우리는 사람의 마음에 7개 정도의 눈금이 있다는 걸 알게 됐습니다. 우리 모두가 알고 있다고 가정을 하는 거고요. 다시 말해 내가 눈금 2 정도의 말을 하면 상대도 2 정도로 받아들일 거라고 예상한다는 겁니다. 내 마음의 눈금과 상대방 마음의 눈금의 개수가 비슷하면, 내가 3이라고 얘기했을 때 상대도 3 정도로 받아들일 수 있고 내가 7 정도 얘기했을 때 이 사람도 7

정도로 반응할 수 있겠죠.

이제 슬슬 실마리가 잡힙니다.

나는 마음의 눈금이 10개인데, 상대는 눈금이 2개밖에 없는 거예요. 그럼 어떻게 될까요?

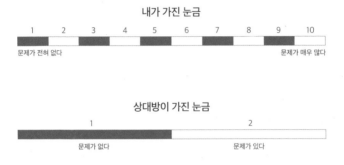

내가 가진 눈금

| 1 | 2 | 3 | 4 | 5 | 6 | 7 | 8 | 9 | 10 |

문제가 전혀 없다   문제가 매우 많다

상대방이 가진 눈금

| 1 | 2 |

문제가 없다   문제가 있다

나는 3 정도의 지적하는 말을 했는데, 상대는 몹시 흥분하면서 지구상에서 가장 큰 비난을 받은 것 같은 분노를 느낄 겁니다.

상대방 마음의 눈금이 2개라는 것은, 마음의 눈금이 아직 성장하지 못했다는 뜻입니다. 그래서 눈금이 늘어나지 않은 거죠. 그렇다면 내가 상대방 마음의 눈금이 성장할 때까지 기다려줘야 할까요? 아니면 나는 마음이 잘 성장한 사람과만 대화해야 할까요? 그렇게만 할 수 있다면 좋겠지만 세상이 그렇지 않죠.

마음의 눈금이 적어서, 내가 조금만 지적을 해도 감정이 폭발하는 사람에게는 '일반적인 가정'이 적용되지 않습니다. 그렇다면 대체 어떻게 해결해야 할까요?

마음의 눈금이 적은 사람들을 잘 관찰해보면 의외로 특정 영역에서는 마음의 눈금이 촘촘합니다. 그들도 대화할 때마다 매번 폭발하지는 않거든요. 그래서 그들도 스스로는 '내가 가끔은 예민하게 굴 때가 있긴 하지만 대체로 원만하게 행동하는 사람이야.'라고 생각할 거예요. 어떤 영역에서는 눈금이 2개밖에 없지만 어떤 영역은 눈금이 10개라는 거죠.

누구와도 적당히 잘 지내고 싶다면, 감정적인 사람과도 적당히 대화하면서 무난하게 지내고 싶다면, 상대방의 촘촘한 눈금 영역이 어디인지 조사해야 합니다. 함께 일하는 사람과 적당히 편안하게 소통하려면 이런 수고나 노력을 해야 해요.

인간의 감정이란 절대적인 것이 아닙니다. 감정의 가짓수를 헤아리자면 끝도 없이 나열할 수 있습니다. 그 감정마다 눈금이 있고 사람마다 그 눈금의 개수가 다르다고 이해하시면 됩니다.

앞에서 선배에게 지적받고 감정이 폭발했던 김지인 씨는 '지적받는다'는 것에 대해 마음의 눈금이 2개였을 거예요. 그래서 그렇게 폭발한 겁니다. 그러니 김지인 씨의 마음에서 눈금이 촘촘한 감정이 무엇인지 찾고 그걸 활용해 내 감정을 전달해야 합니다. 그에 따라 나의 언어도 바뀌어야겠죠.

"보고서에 그렇게 쓰면 안 돼. 이 부분은 이렇게 고치는 게 좋겠어."라고 말했을 때, 지적받는 것에 대한 마음의 눈금이 2개밖에 없던 김지인 씨는 눈물을 흘리고 속상해했죠. 여기에서 가능성을 찾아볼 수 있습니다. 이 사람은 슬픈 감정에 대한 눈금은 꽤 촘촘할 수 있어요.

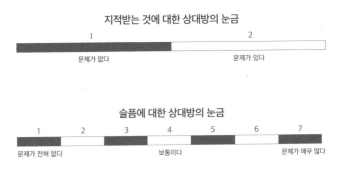

지적받는 것에 대한 상대방의 눈금

1	2
문제가 없다	문제가 있다

슬픔에 대한 상대방의 눈금

1	2	3	4	5	6	7
문제가 전혀 없다			보통이다			문제가 매우 많다

그렇다면 나의 말을 어떻게 바꿔보면 좋을까요?

"보고서를 이렇게 써서 내가 조금 속상하네. 이 보고서를 본 사람이 김지인 씨를 나쁘게 평가할까 봐 슬프다."

'내가 너를 지적하고 공격하고 있는 게 아니라 너를 염려해서 슬픈 감정을 느끼고 있다'는 마음을 표현해주어야 합니다. 이렇게 마음의 눈금을 활용해서 갈등을 해결할 수 있습니다.

이 이야기를 조금 더 확장해볼까요?

앞의 사례는 마음의 눈금이 2개밖에 없어서 감정적인 사람을 상대하는 요령에 대한 이야기였습니다. '마음의 눈금' 이야기를 조금 더 안으로, 나의 문제로 가져와보면 이제 이것은 우리 인생의 큰 숙제가 됩니다.

마음의 눈금을 촘촘하게 만드는 건 인생이 성숙해진다는 뜻입니다. 성숙해진다는 건 마음의 눈금의 숫자가 많아지는 것이라고 봐도 무방합니다. 예를 들면 어떤 사람이 나한테 다가와서 하는 행동이 좀 거슬릴 때도 왜 그런 행동을 하는지 이해하고 넘어갈 줄 알아야 한다는 거죠. 한번은 우리 대학에 갓 입학한 1학년 학생이 면담 신청을 했습니다. 학생이 연구실에 들어오면서 인사를 하고 저와 마주

"

마음의 눈금이 적은 사람은
아직 마음이 성장하지 못한 상태입니다.
상대방 마음의 눈금이
촘촘한 감정을 찾아보면
갈등 해결에 도움이 될 겁니다.

"

앉아서 이야기를 시작하려는데 다리를 꼬는 겁니다.

　이 친구는 왜 다리를 꼬았을까요? 이 행동은 자기 습관이에요. 습관일 뿐입니다. 심리학자로서 행동을 관찰한 후이렇게 물었습니다.

　"학생, 어제 잠 안 잤구나."

　"헉. 어떻게 아셨어요?"

　잠을 안 잔 사람은 그다음 날 자기 습관 제어를 못합니다. 저는 심리학자이기 때문에 다리를 꼬는 행동이 성품이나빠서가 아니라는 것을 알 수 있습니다. 방금 제가 의외로 치밀하다고 생각하셨나요? (웃음) 전날 잠을 푹 못 자더라도 의지력을 발휘하여 집중하면 논리와 이성은 어느 정도 다스릴 수 있습니다. 그런데 의지력으로 통제가 잘 안되는 부분이 있습니다. 부족하거나 질이 낮은 수면은, 전두엽 내의 다양한 영역들이 습관을 제어하지 못하게 만듭니다.[2]

대학교에서 수시 면접에 면접관으로 참여하다 보면 그런 광경을 자주 봅니다. 면접에 임한 수험생들은 교수 3명의 눈을 바라보며 자기가 준비해온 대로 이성적이고 논리적으로 답변을 잘합니다. 그중에는 잠을 푹 못 자고 온 친구들도 있겠죠.

그런데 10명 중 3명이 면접장 의자에 앉자마자 다리를 꼽니다. 이건 습관이에요. 이 학생은 면접 후에도 자기가 다리를 꼬았다는 걸 전혀 기억하지 못해요. 학생이 대답을 잘해도 다리를 꼬고 앉아 있는 모습을 보면 면접관들은 기분이 나빠집니다.

우리 학교는 면접 보는 학생들 앞에 책상을 두는데, 10명 중 2명은 책상 앞에 앉자마자 턱을 괴고 자기가 면접을 진행해요. 이 학생도 질문에 답을 잘하는데 면접관들은 왠지 기분이 좋지 않습니다. 그중에 압권은 10명 중 1명은 불을 끄고 나간다는 거예요. 불을 끄는 건 좋은 습관이지만 11월 늦은 오후에 교수 3명은 암흑 속에 갇히고 맙니다.

어쨌든 그 습관적인 행동을 저에게 보였을 때, 저는 학생이 왜 그런 행동을 했는지 대충 알고 있습니다. 마음의 눈금이 많은 사람은 그 행동을 보고 "아이고. 이 녀석 봐라. 습관을 좀 고쳐야 되겠네. 어젯밤에 못 잤나 보네." 하고 넘어갑니다. 그런데 제가 마음의 눈금이 2개밖에 없다면 어떨까요? 예의가 없다며 버럭 화를 냈을 겁니다.

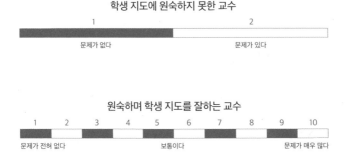

마음의 눈금이 10개라면, 원숙하고 학생 지도를 잘하는 교수가 되고, 마음의 눈금이 2개라면, 학생을 잘 지도하지 못하는 교수가 되는 겁니다. 결국 내 마음의 눈금이 많아

지면 내가 더 좋은 사람, 성숙한 사람이 됩니다.

정직과 겸손 사이에서 균형을 잘 잡는 것이 마음의 눈금을 촘촘하게 만드는 데 도움이 되기도 합니다. 정직과 겸손은 모두 좋은 태도죠. 그런데 정직함의 눈금이 촘촘하지 않고 1개나 2개뿐이라면 곤란합니다. 정직함은 좋은 거지만 너무 개념 없이 정직하면 이렇게 됩니다.

부장 김지인 씨, 나 오늘 옷 어떤가?
김지인 촌스러워요.

이 말은 들은 부장님은 아무리 이 직원이 정직한 사람이라는 걸 잘 알고 있다고 해도 기분이 나쁠 겁니다. 그런데 겸손도 지나치면 역효과를 냅니다. 어려운 프로젝트를 성공적으로 끝낸 후에 부장님이 노고를 치하합니다.

부장 김지인 과장, 아주 잘했어. 그렇게 애쓰고 노력하더니 큰 성과를 거뒀어. 훌륭해.

김지인 그냥 평소처럼 했는데 운이 좋았을 뿐입니다.

지나치게 겸손한 것은 거짓말을 하는 것과 같습니다. 속마음은 그렇지 않은데 다른 사람들 앞에서 그렇지 않은 척하는 거잖아요. 정직하지 않은 거죠. 겸손도 어느 정도 들어가 있고 정직도 어느 정도 들어가 있어야 사회생활을 원만하게 할 수 있습니다. 그런데 그 적절한 지점을 찾는 게 몹시 어렵죠.

원만한 사회생활과 원활한 소통을 위해 정직을 몇 스푼 넣고 겸손을 몇 스푼 넣어야 최적의 대화가 되는지, 상대방을 기분 나쁘게 하지 않으면도 정확한 소통을 하려면 어떻게 해야 하는지 고민해야 합니다. 이것도 우리가 인생에서 해결해야 할 숙제입니다. 답을 찾아가는 긴 여정이 되겠죠. 정답은 없어요. 정답은 저도 모릅니다.

우리 인생은 결국 좋은 사람이 되어가는 과정이 아닐까요? 정직과 겸손 반반, 정직 전부, 겸손 전부, 이런 게 아니

"

마음의 눈금이 많아지면
나는 더 좋은 사람,
더 성숙한 사람이 됩니다.

"

라 정직과 겸손을 얼마나 정교한 비율로 배합해서 눈금을 만들어내느냐가 우리 인생의 과제일 겁니다.

상반된 것들 사이에서 다양한 고민을 해보는 과정을 겪으면서, 우리는 무언가에 대해 조금 더 세부적인 관점을 가질 수 있습니다. 예를 들어 세단을 살까 SUV를 살까 고민하는 과정에서 자동차를 보는 눈이 점점 더 치밀하고 세분화되는 것처럼요.

많은 고민 속에서 우리는 더 성숙해지고 노하우도 갖게 될 겁니다. 이런 노력을 하면서 사람들과 소통하면, 인간관계가 좀 더 편안해질 것이라고 믿습니다.

2강

예민한 사람 vs. 둔감한 사람

저는 예민하지 않고 일일이 따지지 않는 성격입니다. 사소한 일은 안 따지고, 큰일도 그냥 넘어가요. (웃음) 그래서 사사건건 잘 따지는 사람들을 볼 때마다 궁금한 점이 참 많았습니다.

제가 심리학자가 된 이유가 크게 2가지가 있습니다. 첫 번째는 제가 사람들에게 관심이 많았습니다. 정확히는 사람들을 관찰하는 걸 좋아했습니다. 미국 그랜드캐니언에 가본 사람은 장엄한 자연 경관에 압도되어 경탄을 금치 못

합니다. 저는 그 감탄하는 사람들을 보면서 왜 저렇게 감탄하는지를 궁금해합니다. 해운대를 가도, 설악산을 가도, 한라산을 가도 저는 사람들을 봐요. 경치를 잘 안 봅니다.

"어떻게 저렇게 감탄하지? 근데 왜 저 사람은 감탄을 안하지? 그리고 저 사람들은 어떻게 여기 와서도 싸우지?"

이처럼 사람들의 행동을 보면서 그렇게 행동하게 만든 마음이 어떻게 작동하는 건지 연구해보고 싶었습니다.

두 번째는, '나는 침묵하는데 왜 저 사람은 저렇게 나서서 말할까?'에 대한 답을 찾고 싶었기 때문입니다.

조금 부끄러운 이야기이기도 합니다만, 과거에 어떤 사건이 발생했을 때 저는 침묵하고 있는데 누군가는 계속해서 따지며 잘못된 점과 개선할 점을 주장했거든요. 고등학교 시절 얘깁니다. 당시에는 두발 단속을 자주 했는데 담임선생님이 다음 주부터 두발 단속을 강화하겠다고 하자 같은 반 친구가 손을 들고 이렇게 얘기하는 겁니다.

"선생님, 학생의 두발 길이를 학교에서 규정하고 단속하는 건 부당한 것 같습니다."

지금에야 학생인권이라는 말이 익숙하지만 당시에는 아예 그런 개념이 없었습니다. 교사와 학생의 관계는 굉장히 수직적이었고 학생은 교사의 말에 복종하는 게 당연하다고 생각하던 시절이었습니다. 그런데 선생님 말씀이 부당하다고 주장하다니요. 저는 태어나서 한 번도 안 해본 행동이에요. 저는 항상 다수의 편에 서서 조용히 묻혀 있는 유형이었거든요. 그 친구의 행동은 좋게 표현하자면 정의로움이고 나쁘게 표현하자면 오지랖이죠. 그 친구를 보면서 '쟤는 저렇게 자기주장을 하는데 왜 나는 그렇게 하지 못했을까?' 하는 약간의 죄책감이 들었고, 그것이 심리학을 공부하게 만들었습니다.

문제를 발견하면 그냥 넘어가지 못하는 사람이 있습니다. 사소한 일도 그냥 넘기지 못하고 꼭 따져야 직성이 풀립니다. 이른바 '오지라퍼'여서 참견하거나 고쳐주지 않으면 견디지 못하고, 그렇기 때문에 삶을 더 피곤하게 사는 사람들이죠. 이 고민은 누군가에게는 걱정거리지만 저에게는 오히려 부채의식이었어요. 저에게는 그런 측면이 없기 때문에요.

식당에서 주문한 음식이 나왔는데 머리카락이 빠져 있다고 합시다. 이때 여러분은 어떻게 대처하시나요? 매사에 잘 따지는 친구는 절대 그냥 넘어가지 않습니다. 사장님을 부르고 항의를 하고 어떻게 보상할 건지 따지죠. 저는 "머리카락을 일부러 빠뜨렸겠냐? 실수한 거겠지. 그냥 건지고 먹자."라고 하는 사람입니다.

이 모습을 보면 사람들은 보통 뭐라고 하나요? 사람들은 저보고 성격이 좋다고 하고 따지는 친구에게는 예민하고 까칠하다고 합니다. 하지만 그거 아세요? 세상에 저 같은 사람만 있으면 세상은 절대 바뀌지 않습니다. 매사에 잘 따지는 친구가 세상을 바꾸는 거예요. 고등학교 때 우리 반 친구가 선생님에게 그렇게 항변했기 때문에 많은 사람이 학생의 자유와 권리를 보장해야 한다는 개념에 공감하게 된 것입니다.

과연 그 친구와 저 사이에 어떤 차이가 있는 걸까요? 바로 예민함입니다. 예민한 사람과 예민하지 않은 사람의 중요한 특징이 있습니다. 굉장히 중요한 장점이자 단점을 서로 가지고 있지요. 예민하지 않은, 둥글둥글한 성격의 사람들이 인류 역사상 어떤 역할을 담당했는지 아세요? 계속해서 사회가 이동하도록 도왔습니다. 변화를 만들어내고 움직이는 거죠.

"자, 이제 다음으로 가자. 다음 단계 이야기를 해보자." 하면서 앞으로 나아가는 일을 했습니다. 그런데 예민한 사람들은 앉아서 더 깊이 진실을 파내고 싶어해요. 진실에 관심이 많기 때문이죠.

미국의 심리학자 토리 히긴스Tory Higgins 교수를 비롯한 컬럼비아 대학 연구진은 흥미로운 연구를 통해 인간이 갈등에 맞닥뜨리면 2가지 동기 중 하나를 중심으로 갈등을 해결하려 한다는 것을 밝혀냈습니다.

첫째는 변화적 이동locomotion에 기초한 동기였습니다. 즉 그 상황에서 잘잘못을 따지기보다는 제3의 상황이나 국면으로 전환해서 그 갈등으로부터 벗어나려는 의도를 말합니다. 둘째는 조사적 평가assessment를 중심으로 한 동기입니다. 이는 세부적으로 어느 쪽이 더 잘하고 부족한가 또는 더 정당하고 합리적인가를 구체적으로 비교하고 따져보면서 갈등을 세밀하게 들여다보고 정면 돌파하려는 시도와 연결됩니다.[3]

둘 중 무엇이 더 나을까요? 연구진에 따르면 일상적이거나 심각하지 않은 갈등이라면 변화적 이동이 더 낫습니다. 갈등에 정면 대응해서 구구절절하게 풀어나가는 것보다는 '자, 이제 이 갈등은 잊고 분위기를 바꿔보자'는 메시지가 갈등을 잘 해결하도록 돕더라는 것입니다.

반대로 갈등이 심각하고 매우 비중 있는 것이라면 조사적 평가를 중심으로 한 동기가 지혜로운 해결책을 만들어낼 가능성이 높았습니다. 갈등의 이유와 갈등 당사자의 주장이나 입장에 대해 정밀한 비교와 평가가 있어야만 이후 그 갈등을 해결하기 위한 방향으로 나아간다는 것입니다.

세상에는 변화를 도모하고 앞으로 나아가려는 사람과 그 일이 왜 일어났는지 진실을 알아내려는 사람이 늘 공존해야 합니다. 식당에서 머리카락이 들어간 음식이 나왔을 때 저는 어떻게 했죠? 그냥 건져내자고 했죠. 그럼 그다음에 뭘 할 수 있죠? '먹을 수 있음'으로 이동할 수 있습니다. 그런데 제 친구는 왜 음식에 머리카락이 들어갔는지에 대한 진실, 그 이유를 알고 싶어했습니다.

조직 또는 사회에 저 같은 사람들의 숫자가 너무 많으면 어떻게 될까요? 따지지 않는 사람, 성격 좋은 사람이 많아지면 우리는 진실을 알 수 없게 됩니다. 진실을 알지 못하니 진짜 원인이 영원히 묻히면서 근본적인 문제가 개선되지 않는 조직이나 사회가 됩니다.

반대로 제 친구처럼 예민하고 까칠한 사람이 너무 많다면 어떨까요? 모든 직원, 모든 사회구성원이 탐사보도 프로그램 피디처럼 진실만 파헤치고 있다면요? 발전하기 힘들어지고 앞으로 나아가기가 어렵습니다. 그래서 우리는 이 고민을 해야 합니다. 이렇게 성향이 완전히 다른 사람들이 어떻게 하면 잘 지낼 수 있을지를요. 이 문제를 어떻게 해결할 수 있을까요?

저 같은 사람은 둥글둥글한 게 아니라 사실은 둔감한 성격이에요. 저는 오로지 사람을 관찰할 때만 예민하지 음식에는 조금도 예민하지 않아요. 그래서 저한테 맛집 추천해 달라는 친구는 한 명도 없어요. 제가 맛없다고 하면 그건 상한 음식이거든요. 음식 맛에 대한 변별력도 별로 없고 예민하지 않습니다.

일에 대해서도 예민하지 않습니다. 학생들 논문을 봐줄

때도 오탈자는 별로 문제 삼지 않습니다. 부끄럽지만 제 석사학위 논문에도 오탈자가 있었어요. '주제는 잘 전달됐으니까 됐지.' 하고 넘어가는 저는 꼼꼼하지 않고 예민하지 않은 성격이죠. 꼼꼼함을 요구하는 일을 하면 큰일 납니다. 꼼꼼한 일은 예민한 사람들이 해야겠죠. 꼼꼼한 사람들은 그 일이 어떻게 일어난 것인지 진위를 파악하는 것뿐 아니라 일어나선 안 되는 일도 잘 막아내거든요.

제 강연을 들은 분들은 접근 동기와 회피 동기에 대해 잘 아실 겁니다. 접근 동기란 좋은 것을 추구하고 싶은 욕구, 내가 하고 싶고 보고 싶고 이루고 싶은 것을 누리려는 욕구를 말하고, 회피 동기란 싫어하는 것을 피하려는 욕구, 내가 싫어하는 것은 안 보고 안 겪고 싶은 욕구를 말합니다. 저는 전형적으로 접근 동기가 강한 사람이에요. 예민한 사람들은 대부분 회피 동기가 강합니다.

그럼 이 두 다른 성격의 사람들이 서로 잘 지내려면 어떻게 해야 하는지 구체적으로 알아봅시다. 저는 학생들 논문을 봐줄 때, 가설이 틀렸거나 논문 가치가 떨어지는 경우에는 가혹하고 냉철하게 지도합니다. 자기 논문의 가치를 말로 설명하지 못하면 절대로 졸업시키지 않습니다. 하지만 오탈자는 조금도 못 봐요. 오탈자와 문법을 체크하는 일도 중요한 일이에요. 논문에 오탈자가 많으면 얼마나 민망합니까? 그래서 저에게는 까탈스러운 교수가 파트너로 있어야 해요. 까탈스러운 교수는 이 논문과 연구에서 일어나면 안 되는 일을 확실히 막아내는 굉장히 중요한 역할을 합니다. 저는 있으면 좋은 것을 확실히 구현해내고요.

전자제품을 생산하는 과정을 한번 상상해보죠. 저 같은 사람들끼리 뭉치면 추진력 있게 일을 착착 진행해나가겠지만 그 제품은 뭔가 큰 하자가 생길 거예요. 한편 까탈스럽고 사사건건 잘 따지는 사람들끼리 만들면 제품이 완벽할 수 있으나 언제 끝날지 모릅니다. 출시가 한없이 연기될 수 있어요. 그래서 이 두 부류가 잘 조화를 이루어야 완벽한 제품을 원하는 시기에 출시할 수 있습니다.

이 두 부류가 조화를 이루고 잘 지내는 방법은 간단합니다. 서로 고마워하는 겁니다. 저는 꼼꼼하고 까탈스럽고 실수라고는 하지 않는 저의 파트너 교수에게 늘 "교수님, 도와주셔서 고맙습니다."라고 말합니다. 그러면 그 교수님은 저에게 "저의 부족한 점을 메워주셔서 고맙습니다."라고 합니다. 이러한 태도가 서로 잘 지내는 유일한 방법이에요.

감사의 힘은 실로 큽니다. 어려운 여건이나 환경 속에서도 자신에게 여전히 허락되고 있는 것에 고마워하는 행동은 현재 나를 괴롭히고 있는 심리적 고통의 양을 감소시키기 때문이죠. 그래서 심리학자들은 감사를 가장 강력한 자기보호 기능이자 적극적인 회복탄력성이라고 생각합니다. 물론 이러한 결과들을 현실 부정을 통한 마취 효과로 폄하하는 사람들도 있습니다. 마취된 사람들은 강한 회복 동기를 느끼지 못합니다. 하지만 똑같이 물리적·신체적 고통을 겪으면서도 고마움을 느끼는 사람은 희망을 갖게 되고 그것이 회복탄력성으로 이어집니다.

"

나의 부족한 점을

메워주셔서

고맙습니다.

"

'고맙다'라는 표현을 자주 하셔야 해요. "쌩유!" "감사 베리 감사!" "고맙고맙!" 등 감사를 재미있게 표현할 수 있는 나만의 방식을 몇 가지 만들어두세요. 나와는 다른 기질을 가지고 있고, 그래서 나의 부족함을 보완해주는 사람들에게 고마움을 표시하는 나만의 비책을 꼭 마련하시길 바랍니다.

고마워하는 행동과 고마움을 표현하는 것이 이렇게 중요한데도 사람들은 평소에 별로 고마움을 표현하지 않습니다. 첫 번째 이유는 민망하고 어색해서, 해보지 않아서 그래요. 그런데 왜 안 했을까요? 연습을 하지 않아서 그렇습니다. "고맙습니다."라는 말을 주로 듣는 사람들, 예를 들어 학교 선생님이나 높은 지위에 있는 사람들은 고마움을 표현하는 연습을 잘 안 한 상태입니다. 그러면 누구에게 고마움을 표현하는 연습을 해야 할까요? 나보다 나이가 어린 사람, 경력이 적은 후배에게 표현을 자주 해본 사람은 정말 고마움을 표해야 할 때 제대로 그 마음을 전달할 줄 압니다. 나보다 어린 사람에게 고맙다는 얘기를 많이 해보세요. 그러면 필요할 때 그 말이 의외로 쉽게 나올 겁니다.

고마움을 표현하지 않는 두 번째 이유는 고마워할 이유를 잘 안 만들기 때문입니다. 내가 누군가에게 고마워할 일이 있다는 걸 빚진 일이 있다고 생각하는 거죠. 우리나라에서 '도와달라'는 말은 '우리는 한 팀이다.'라는 뜻을 갖고 있습니다. 예민한 사람과 예민하지 않은 사람이 서로 도와달라는 말과 고맙다는 말을 쉽게 할 수 있어야 합니다.

부부싸움할 때도 사과보다는 도와달라는 말이 화해하는 데 더 효과적입니다. 사네, 안 사네 하며 두 시간 동안 싸우다 지쳐서 용기를 쥐어짜내서 "미안해."라고 하면 싸움이 끝날까요? 아니요. 다시 새로운 라운드가 시작됩니다.

"미안해."

"뭐가 미안한데?"

"다 미안해."

"당신 아직 뭘 잘못했는지 모르는구나."

그런데 "도와줘."라고 하면 어떻게 될까요?

"나는 이런 면이 많이 부족해. 그게 문제를 만들어내는 것 같아. 당신이 나를 도와주면 좋겠어."

그 말을 들으면 상대방은 동질감을 느낍니다.

'너랑 나랑 같은 편이구나. 우리구나. 내가 우리 편에게 도움을 주어야겠구나.'

도와달라고 말하는 것이 스스로 부족함을 드러내는 표현이라 자존감이 낮아질 것 같아서 걱정되시나요? 말하는 사람은 그렇게 느낄 수도 있습니다.

요즘 제가 그것과 관련된 연구를 하고 있는데요. 상대가 도와달라고 했을 때 "알았어." 하고 도와준 사람들은 나중에(오랜 시간이 흐른 후에) 상대가 '도와달라'고 했던 말을 기억하지 못했습니다. 그 사람에 대해 호감을 가지고 있었다는 것만 기억하고 있었습니다. 다시 말해 도와달라고 했던 건 부탁하는 사람의 머릿속에만 남아 있다는 거예요. 부담이나 자존감을 깎는 행위라는 것도 나 혼자만 인지하는 행동일 뿐이었던 거죠. 상대방의 머릿속에서는 도와달라는 말은 휘발되어 날아가고 대신 "당신과 나는 같은 팀이야. 공동체야. 우리야."라는 말로 번역되어 입력되었다는 거예요. 절대 부끄러워하거나 자존심 상해할 일이 아닙니다. 지금 용기를 좀 내서도 됩니다.

고마움을 표현하는 연습은 도움을 청하는 연습이기도 합니다. 좋은 의미에서 상대방을 쥐락펴락하는 사람들은 도와달라는 말을 잘합니다. 꼭 연습하시길 바랍니다.

"

고마움을 표현하는 것 연습하기

도움을 구하는 용기 내기

"

남의 말을 옮기고 다니는
사람의 심리

　어느 조직에나 남 이야기 하기를 좋아하는 사람들이 있습니다. 그중에는 유난히 악질적인 뒷담화를 하고 즐기는 악인도 있죠. 뒷담화하는 사람들은 '내가 싫어하는 사람은 다른 사람들도 싫어해야 한다'는 마음을 주위에 강요하면서 감정의 타당성을 확보하려는 사람입니다. 이번 주제는 뒷담화와는 또 다른 이야기인데 재미있는 주제입니다.

　'남의 말을 옮기는 것'이 병이냐 아니냐 하는 논란도 있었습니다. 어느 집단이든 내가 한 얘기를 딴 데서 듣게 하는 사람이 꼭 있습니다. 좋은 얘기든 나쁜 얘기든 그렇게 말을 전해 들으면 좀 민망하고 당황스럽고 기분도 좋지 않습니다. 강연 때마다 "남의 말을 옮기는 사람은 어떤 사람인가요? 왜 자기 일도 아닌데 다른 사람이 겪은 일을 말하고 다니는 걸까요?" 이런 질문을 참 많이 받습니다.

결론부터 말하자면, 남의 말 옮기기를 좋아하는 사람은 자기가 하고 싶은 이야기의 근거와 타당성을 찾아다니는 사람입니다. 남의 말을 근거로 자기가 하고 싶은 말을 하는 거죠. 잘 들어보면 그들의 이야기 중에는 100퍼센트 남의 말만 있는 게 아니거든요.

가장 혼한 유형은 이렇습니다. 그 사람 주변에 8명쯤 있다고 가정해봅시다. 그중 한 명을 만났는데, 그 사람이 내가 '하고 싶었던' 말을 해요. 그럼 나머지 7명은 안 만납니다. 처음에 만난 한 명의 말만 듣고 바로 다른 사람에게 옮깁니다.

그런데 첫 번째 사람, 두 번째 사람, 세 번째 사람이 하는 말이 계속 자기가 생각하고 있던 것과 다르다면 그때는 말을 옮기지 않습니다. 계속 자신의 생각과 안 맞다가 일곱 번째 사람을 만났는데, 그 사람이 자신의 생각과 일치하는 말을 딱 하면 그때 그 사람의 말을 옮기는 거예요.

말을 옮기기 좋아하는 사람은 자신의 생각을 말할 용기가 없는 사람입니다. 책임을 지기도 싫어하죠. 그래서 자신과 비슷한 얘기를 하는 사람을 찾아다니다가 그 사람을 만났을 때 그 얘기를 전달하는 겁니다. 좀 안쓰럽죠. 자기 주장을 확실히 못하고 두려워하는 사람들이니까요.

그런데 그것은 그 사람 입장이고, 나는 피해자니까 내 입장에서 생각해볼 필요가 있죠.

'그 사람은 왜 하필 나한테서 자기가 가장 원했던 답을 얻었을까?'

이 점에 착안하여 연구한 사람들이 있습니다. 남의 말

"

그 사람은 왜 하필

당신에게서

가장 듣고 싶었던

말을 얻어냈을까요?

"

을 잘 옮기는 사람은 일부러 다가와 자기 의견은 내지 않은 채 "이건 어때? 어떻게 하면 좋을까?" 하며 질문만 합니다. 내가 어떤 물건을 사면 따라 사기도 합니다. 그것에 대한 다른 사람의 생각이 이렇다고 전하면서 나의 생각이 어떤지 끊임없이 묻는 사람들, 즉 간 보는 사람들입니다. 이들은 '지지받고 싶어하는 사람들'이기도 합니다. 굉장히 외롭고 자신감이 없는 사람들입니다. 그런데 나한테 오고 있다? 나한테 주기적으로 와서 묻고 있다? 그렇다면 나를 한번 돌아봐야 해요.

그 사람이 나를 자꾸 찾는다는 건 나에게서 엄청난 동질감을 느끼고 있다는 뜻입니다. '너와 나는 닮았다'는 생각에 강하게 이끌려서 이렇게 나를 귀찮고 힘들게 하는 거예요. 그 동질성의 원인은 환경일 수도 있고, 외모일 수도 있고, 좋아하는 야구선수일 수도 있고, 좋아하는 가수일 수도 있어요. 재미있는 건 의외로 동질성의 근거가 명확하지 않다는 거예요. 그것에 주목해야 합니다.

대학 등록금을 한번 생각해보죠. 우리나라 대학은 재정 구조상 등록금 의존도가 높아서 교육의 질을 높이려면 등록금 인상이 불가피합니다. 대학교 입장에서는 대학등록금을 올려야 해요. 반면 등록금 인상에 반대하는 입장도 있습니다. 사실상 우리나라에서는 대학교육이 필수에 가까운데 한 해 등록금이 매년 오르고 있어요. 500만 원, 600만 원, 700만 원… 이렇게 오르다간 1,000만 원이 넘을 수도 있습니다. 한 집안 가장 연봉의 30퍼센트가량이 자녀의 대학 교육비로 들어가는 겁니다. 따라서 학생과 학부모 들은 대학등록금을 낮춰야 한다고 주장합니다. 그런데 제가 사람들에게 등록금 인상에 찬성하는 의견에 동의해달라고 부탁한다고 가정해볼게요. 저의 부탁을 들어준 사람은 자신의 의견과 다른 주장을 해야 합니다.

그런데 실험을 해보니, 남의 주장을 하다 보면 내 의견도 바뀔 수 있다는 사실을 알게 되었습니다. 이런 걸 '인지부조화cognitive dissonance'라고 합니다. 인지부조화를 쉽게 설명하기 위해 실험 사례를 살펴보겠습니다.

1. 60명을 20명씩 A, B, C 3개의 실험집단으로 나눕니다. 그런 다음 세 집단에게 '재미없고' 의미 없는 단순 반복 작업을 시킵니다. 30분간 실뭉치 12개를 한 접시에 올렸다 내리는 작업을 수행시키고, 그다음 30분 동안에는 다이얼을 왼쪽, 오른쪽으로 계속 반복해서 돌리게 합니다. 이렇게 1시간가량 지나면 실험 참가자는 지겨움을 느끼겠죠.

2. 이후 A, B 집단 참가자들에게 다음 실험을 진행할 직원이 사고가 생겨 못 왔다며, 직원을 대신해 보수를 받고 다음 실험 참가자들에게 이 작업은 재미있다고 설명해주지 않겠냐고 제안합니다. C집단(대조군)의 참가자들에게는 아무 제안도 하지 않습니다.

3. 실험 참가자 중 일부는 이 제안을 수락하여, 다음 실험 참가자들에게 자신들이 경험한 지겹고 단순한 반복 작업을 소개하며 '재밌다'고 거짓말을 합니다.

4. 이후 A집단에게는 1달러의 보수를, B집단에게는 20 달러의 보수를 줍니다.

5. 나중에, 이상의 과정을 마친 실험 참가자들에게 1번 에서 경험한 단순 반복 작업이 정말로 재미있었는지 다시 묻습니다.

모든 실험이 끝나고 어느 정도 시간이 지난 후에 정말로 실험이 재미있었는지 물었을 때 20달러 받은 사람은 사실 재미없었다고 고백했고, 1달러를 받은 사람들은 재미있었 다고 말했습니다. 1달러를 받은 사람은 처음에는 재미없 다고 했지만 생각이 바뀐 거예요.

왜 그런 걸까요?

이 실험은 미국의 심리학자 리언 페스팅어Leon Festinger가 진행한 '인지부조화 실험'입니다. 1950년대에 이 실험을 했으니 당시 보수로 지급했던 20달러는 현재 가치로는 40 만 원 정도 됩니다. 적지 않죠. 20달러를 받고 거짓말을 한 사람에게 왜 거짓말을 했냐고 따져 물으면 이렇게 답할 겁니다.

"당신도 20달러 받으면 거짓말할 수 있지 않겠어요? 20달러면 큰돈이고, 당신은 어차피 실험할 거였으니 상관없잖아요."

얼마든지 20달러가 내 변명이 됩니다. 큰돈을 받았으니까요. 하지만 1달러는 적은 돈이고, 사람들은 1달러에 넘어가서 거짓말한 사람이 되고 싶어하진 않습니다. 1달러가 간절했던 사람처럼 보이면 구차해지니까요. 1달러를 받았다는 사실은 바꿀 수가 없으니 내 주장, 내 태도를 바꿔버리는 겁니다. 이것이 바로 '인지부조화 이론'입니다. 이미 일어난 행동은 바꾸지 못하니, 내 태도와 상관없는 일이 일어났을 때 내 태도를 바꿔버리는 겁니다.

인지부조화가 끔찍한 사건과 연결되기도 합니다. 몇 년 전에 네덜란드에서 3,000유로를 받고 누군가를 살해하는 아마추어 청부살인자가 늘고 있다는 기사가 보도되었습니다. 3,000유로면 우리나라 돈으로는 400만 원 정도 됩니다. 대부분의 사람들은 100억 원을 준다 해도 사람 죽이는 일은 못한다고 할 겁니다. 그런데 4억 원도 아니고, 4,000만 원도 아니고, 400만 원이라는 적은 돈을 받고 그렇게 무서운 범행을 저질렀다니, 뭔가 합리적이지 않죠. 그래서 태도를 바꿉니다. 적개심을 키우는 거죠. 그래야 범죄 행동에 명분이 생기거든요.

"저 놈은 진짜 비열하고 나쁜 놈이야. 죽어 마땅해."

그래야만 400만 원 받은 행동이 정당화되는 겁니다. 정리를 하자면, 사람은 자기주장과 다른 주장도 얼마든지 내 주장처럼 말할 수 있습니다. 말이나 행동을 통해 생각을 바꾸는 것이죠.

나의 말을 자꾸 옮기는 사람은 '자신에게는 확신이 없기 때문에' 타인의 주장을 통해 자신의 생각에 확신을 갖는 사람들입니다. 타인에게 자기주장을 하려고 나를 이용한 거예요.

그런데 말을 옮기는 사람들은, '어떤' 타인과 이야기할 때 자기주장의 확신이 커질까요? 나와 비슷하지만 나와 아무런 연관이 없는 사람, 취미는 비슷하지만 일과는 상관없는 사람입니다. 나는 스포츠를 좋아하는데 저 사람은 독서를 좋아한다면, 또는 나는 보수적인데 저 사람은 개방적인 성격이라면 동질성이 떨어지죠. 취미생활이나 성향, 출신 지역 등이 나와 전혀 상관없는 사람과 이야기할 때는 자기확신이 커지기 어렵습니다. 그런데 취미생활이 비슷한 사람끼리 부동산 정책에 대해 같은 견해를 갖고 있다면, 상대를 통해 자기확신이 빠르고 강하게 형성됩니다. 같은 지역 출신인데 정치 성향이 같을 때도 그렇고요.

누군가 자꾸 내 말을 옮기고 나한테 뭔가를 물어본다는 건 나에 대한 굉장한 동질감 하나를 가지고 있다는 겁니다. 그 동질성은 아마도 사소한 것일 거예요. 순댓국을 좋아하는 사람들끼리 만났는데 정치적 견해까지 같다면 이후로 말이 아주 잘 통한다는 느낌을 갖는 식이죠. 같은 프로야구팀을 좋아해서 1루석에 나란히 앉아 응원하다가 아무 말이나 했는데도 서로 같은 의견을 가지고 있다고 착각하기도 합니다. 남의 말을 옮기는 사람이 나에게 엉뚱한 동질감을 느끼고, 그것과 전혀 무관한 이야기를 통해서 확신하게 된 거죠.

그렇다면 이제 내가 해야 할 행동은 무엇일까요?

그 사람이 내 말을 옮기는 게 상관없다면 그냥 놔둬도 되겠지만 그게 싫다면 행동을 해야 합니다. 뭘 해야 할까요? "내 말 옮기고 다니지 마세요."라고 직접 말하기는 부담스러울 거예요. 그때는 그저 그 사람과 내가, 우리가 서로 다르다는 것을 인지하도록 만들어주시면 됩니다.

"너는 순댓국을 좋아하는구나. 나는 돼지고기는 못 먹어."
"너는 늦게 자는 걸 좋아하는구나. 나는 아침형 인간이라 일찍 자고 새벽에 일어나."

이렇게 서로 이질성이 있다는 걸 알려주고, 상대방이 인지할 수 있게 해줘야 해요. 직접 이야기하기보다 넌지시 어떤 행동을 해서 변화시키는 게 좋습니다. 이런 걸 행동경제학에서 '넛지nudge'라고 하죠. 넛지를 잘 이용해서, 타인을 통해 나를 증명하려고 하는 사람 문제를 해결할 수 있습니다.

4강

가식으로 똘똘 뭉친 사람에게
필요한 것

가식은 본모습과 다른 모습으로 자기를 '포장'하는 걸 말합니다. 실제보다 더 착하게, 더 멋지게 보이려고 꾸미는 거죠. 가식적인 사람은 자신의 의도를 숨기고 타인에게 무언가 얻어내기 위해 친절을 베풀고 자기편으로 만들기도 합니다. 그렇게 위선의 가면을 쓰고 자신의 세력을 만들고 목표를 성취해나갑니다.

물론 귀여운 가식도 있어요. 제 아내나 어머니의 경우, 매우 화가 나고 짜증스러운 상황에 있다가도 전화를 받을 때는 목소리가 '솔' 톤으로 높아지고 상냥해집니다. 이런 건 상대방에게 잘 보이려고 착한 척한다기보다 나를 잘 지키기 위한 가식이에요.

그런데 말과 행동이 무섭도록 싹 바뀌는 사람들이 있습니다. 자기 부서 직원들과 타 부서 직원들이 함께 미팅을 할 때는 협조적이고 자상했던 사람이 타 부서 사람들이 자리에서 빠져나간 후엔 태도가 180도 바뀌는 거죠. 상황에 따라 성격을 바꾸는 이중인격자, 삼중인격자, 사중인격자, 뭐 이런 사람들이 있죠.

사실 우리나라 사람들이 가식적인 경향이 강하긴 합니다. 우리가 나빠서가 아니라, 우리는 어느 맥락과 어떤 상황에 있느냐에 따라 행동을 결정하려고 하는 성격이 있거든요. 성격이란 게 뭔가요? 성격이란, 다른 사람이 그 사람의 행동을 안정적으로 관찰하게 해주고, 그 사람이 자기 자신을 안정적으로 드러내도록 해주는 기질 요인이에요.

우리나라에서는 대부분의 사람들이 성격대로 행동하지 않습니다. 내가 어떤 관계 속에 있느냐에 따라 행동이 달라집니다. 이제 환갑이 넘어 점잖을 만한 사람이 동문회에 갔는데 나이가 제일 어리면, 갑자기 가장 젊은 사람 역할을 자처해서 합니다. 수저와 앞접시를 세팅하고, 노래방에서는 탬버린을 경쾌하게 치면서 "선배님! 파이팅!"을 외치죠. 한편 이제 갓 대학을 졸업한 20대가 동문회에 갔는데 가장 나이가 많다면 "언니가 요즘 힘이 없어. 반오십이라니 벌써. 술잔 들 기력도 없단다, 얘들아."라고 하며 갑자기 진시황의 자아를 발현합니다.

이렇게 사람은 상황에 따라 행동이 조금은 달라집니다. 그런데 가식적인 사람들은 보통 사람들보다 상황에 훨씬 더 민감하게 대응합니다. 우리가 가식적인 사람들에게 당하지 않으려면 그들이 도대체 '어떤' 상황에서 민감하게 반응하고 가식적으로 행동하는지를 살펴봐야 합니다.

사람들은 어느 정도는 상황에 따라 다르게 반응합니다.

다른 말로 하면 분위기를 파악하는 거죠. 상황에 조금도 민감하지 않으면 분위기 파악 못 하는 사람, 개념 없는 사람이 됩니다. 사회생활을 할 때는 분위기를 잘 파악하는 것도 큰 능력입니다.

그런데 분위기에 지나치게 민감한 사람들도 우리를 힘들게 하죠. 다른 부서 사람들이나 상사가 있을 때는 자기 팀원을 누구보다 아끼는 척하고, 보는 눈이 없으면 함부로 말하고 화를 내며 본성을 드러내는 사람이 있어요. 수많은 시선이 있는 상황에서 제삼자의 시선이 없는 상황으로 바뀌었기 때문이죠. 타 부서 사람들이나 상사가 있을 때는 인화단결人和團結, 상사가 나간 상황에서는 난폭한 상사로 자신의 입장을 상황에 따라 바꾼 겁니다.

민감하게 반응한다는 것은 곧 '불안하다'는 뜻이기도 합니다. 불안은 사람을 민감하게 만듭니다. 예를 들어 전쟁터에 나가 싸워야 하는 병사들은 늘 불안합니다. 그래서 똑같은 상처를 입고 똑같은 병에 걸려도 민간인보다 훨씬 더 고통스러워합니다. 전장에서 부상을 당하고 고통스러워하다가도 들것에 실려 구급차에 오르면 신기하게도 고통이 줄어든다고 합니다. 더 이상 고통스럽다고 비명을 지르지도 않고 진통제를 달라고 소리 지르지도 않아요. 구급차에 탔으니, 곧 병원으로 이송될 거라고 생각하니 안심이 되면서 통증도 참을 만해지는 겁니다. 불안하면 더 예민해지고 같은 통증도 더 강하게 느낍니다.

그러면 가식적인 사람들은 무엇 때문에 그렇게 불안을 느끼는 걸까요?

바로 고립입니다. 어느 쪽에서도, 어느 상황에서도 고립되고 싶지 않은 겁니다. 가식적인 사람은 학교생활이나 직장생활을 하다가 사회적으로 심하게 고립된 경험을 해봤을 확률이 높습니다. 저도 그렇고 여러분도 한 번쯤은 친구들 사이에서 따돌림을 받거나 어느 무리에 잘 끼지 못했던 경험이 있을 거예요. 그러니까 사실 누구나 그런 경험이 있게 마련인데 가식적인 사람들에게는 그 경험이 지나치게 각인되었던 거죠. 그래서 그들은 소외되고 따돌림당

"

가식적인 사람은
상황에 민감하게 반응하고
늘 불안해합니다.

"

하는 걸 몹시 두려워해요.

그러니 상사가 있을 때는 상사한테 따돌림받기 싫으니까 착한 척하다가, 팀원들하고만 있을 때는 화를 억누르지 못하는 겁니다. 그런데 이게 악순환이죠. 가식적인 모습 때문에 사람들이 더 경계할 거고요. 예상과 다르게 더 따돌림당하니 그런 행동을 더 많이 하는 겁니다. 이렇게 따돌림을 당하거나, 따돌림을 많이 만들어내는 가식적인 사람들은 마음의 상처가 많고 자기를 사랑하지 못하는 사람들입니다.

가식적인 사람들은 대개 자존감은 낮은데 자만감이 높습니다. 상황에 적극적으로 대처할 수 있는 사회적 기술을 가지고 있다면 자신감도 있을 겁니다. 자신감도 있고 자만감도 있는데 자존감만 없는 거예요. 그렇게 보면 참 짠하고 불쌍합니다.

조금 더 넓혀서 생각해볼게요. 가식적인 사람을 근본적

으로 이해해봅시다. 그 사람이 가식적인 이유는 따돌림받기 싫다는 불안감이 크기 때문이라고 했습니다. 그래서 그 사람한테 어느 정도 구속력을 행사한다면 그의 가식적인 모습이 좀 줄어들 수 있습니다.

이 말은 에리히 프롬Erich Fromm이 『자유로부터의 도피 Escape of Freedom』에서 한 주장이기도 합니다. 인류 역사를 보면 인간은 가장 고결한 가치인 자유를 찾기 위해 엄청난 희생과 피의 대가를 치렀습니다. 그런데 자유를 찾고 났더니 다시 안정감을 그리워하게 되더라는 겁니다. 바로 인간행동의 동기 중 일체감을 갖고자 하는 욕구, 그러니까 귀속감 때문입니다.

학교나 직장에서 이유 없이 사람들 따돌리기를 즐기는 사람들이 있어요. 따돌림, 왕따는 분명한 사회적 폭력입니다. 그런데 따돌림을 조장하는 이들의 심연을 들여다보면 따돌림받기 싫다는, 고립에 대한 강한 불안이 깔려 있습니다. 고립되는 걸 공포감을 느낄 정도로 무서워합니다.

따돌림당하기 싫다면 '따돌리지 않는 문화'를 만드는 게 가장 건강한 전략이겠죠. 하지만 그들은 쉽고 어리석은 전략을 택합니다. 따돌림받기 전에 먼저 따돌리는 거죠. 5명이 있는 집단에서 내가 따돌림당하는 사람이 되지 않기 위해, 다른 사람을 따돌리는 겁니다. 얼마나 바보 같은 생각입니까? 바보 같고 어리석은 전략이지만 그들에게는 달콤한 유혹입니다.

불안해하며 가식적인 모습으로 사람을 따돌리고 힘들게 하는 그들에게는 강하게 구속하는 리더가 필요합니다. 그들은 자율성이 떨어지기 때문에 오히려 강한 리더십 안에서 편안함을 느낍니다. 보스의 강한 명령을 받고 있으니 꽉 붙들려 있다는 느낌을 받는 거죠. 구속해주고 장악해주면 고립될까 봐 불안한 마음은 점차 사라지게 됩니다.

정리를 해볼까요?
가식적인 사람, 위선적인 사람은 불안한 사람입니다. 사실 그 불안을 다른 사람이 해결해줄 수는 없어요. 기본적으로 그들에게는 기저에 늘 큰 불안이 있어서, 고립되지 않으려고 '따돌리기'라는 나쁜 전략을 쓰는 겁니다. 그런데 그 사람이 일은 어느 정도 잘해서 조직에 필요한 사람이고 함께 가야 하는 사람이라면, 좀 더 강하고 장악력 있는 리더와 함께 일하도록 환경을 만들어주면 나쁜 행동을 방지할 수도 있습니다.

우리가 모든 걸 다 해결할 수는 없겠지만 여러 방향에서 방법을 생각해볼 수 있습니다. 이런 조치를 취하면 조직 내에서 인간관계가 조금은 더 편안해질 수 있습니다.

"

참을 인(忍) 세 번이면 번아웃됩니다.

싫은 사람과는 적당한 거리를 두고

스트레스를 발산해야 합니다.

"

5강

관점이 다른 사람은 나에게
도움이 된다

그림을 한 장 보여드릴게요.

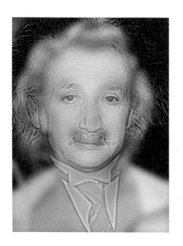

이 그림을 멀리서(혹은 작게) 보면 매릴린 먼로, 가까이(혹은 크게) 보면 아인슈타인이 보입니다. 하이브리드 이미지라고 하지요. 어떤 거리에서 보느냐에 따라 다른 속성이 더 많이 보인다는 것을 보여주는 재미있는 실험입니다. 사람마다 자신이 처한 상황과 조건이 다르니 같은 정보도 다르게 받아들여지는 것은 당연합니다.

대부분의 사람들은 기본적으로 갈등을 회피하는 성향이 있고, 나와 관점이 다르고 상대방의 의견에 동의하지 않을 때에도 갈등을 만들지 않고 잘 지내려고 노력합니다. 생각해보세요. 누가 하루에 8시간씩 얼굴 보며 앉아 있어야 하는 사람과 다투고 싶겠습니까? 특히 관점이 다른 사람이 상사라면 더더욱 갈등을 만들고 싶지 않겠죠.

사람들의 관점이 얼마나 다른지, 그런데 그 다른 관점이 얼마나 서로에게 도움이 될 수 있는지를 보여드리겠습니다.

dax

이 그림 가운데에 있는 원기둥을 '닥스dax'라고 부릅니다. 실험에 참가한 사람들에게 나무 재질로 된 원기둥 모양의 물체, 닥스를 보여준 다음 파란색 플라스틱으로 된 원기둥과 나무로 된 사각기둥을 각각 보여주며 묻습니다.

"둘 중 어느 것이 닥스인가요?"

실험 결과 일본, 중국, 한국 등에 사는 동양인들은 재질이 같은 사각기둥을 닥스로 선택하는 경우가 많았습니다. 재미있는 건 사각기둥을 선택한 이유였습니다.

"같은 나무로 되어 있잖아요. 소재가 같잖아요. 생김새보다는 본질이 같아야 같다고 할 수 있죠."

동양인들은 겉으로 드러나는 형태보다 그것을 이루고 있는 '본질'에 주목하고, 나무라는 재료에서 공통점을 찾으려고 했습니다. 반면 미국, 독일, 영국 등에 사는 서양인들은 겉으로 보이는 생김새, 즉 '모양'이 같은 원기둥을 닥스로 선택하는 경우가 많았습니다.

"닥스처럼 둥근 모양이잖아요. 모양이 같으니까요. 색깔은 상관없어요. 원래 같은 건데 색깔만 다른 거예요."

미국의 심리학자 리처드 니스벳Richard Nisbett은 『생각의 지도The Geography of Thought』라는 책에서 관점의 차이를 낳게 한 기원과 근원적인 이유를 설명하기도 했죠. 동양인과 서양인은 말 그대로 서로 다른 세상을 보고 있는데, 동양인은 사물의 속성을 들여다보고 맥락에 초점을 맞추려고 하는 반면, 서양인은 겉으로 드러난 사물의 특징에 집중하고 분석하여 범주화합니다. 다시 말해 동양인은 순환적circular 관점으로 사고하는 반면 서양인은 직선적linear 관점으로 사고한다는 것입니다.

여러분은 닥스 실험에서 어떻게 답하셨나요? 그 선택을 할 때는 성격이나 IQ가 영향을 끼치지 않아요. 이런 차이가 발생한 이유는 관점 때문이에요. A를 선택한 사람과 B를 선택한 사람의 관점이 다른 거죠. 본질주의적인 관점이 강한 우리나라 사람들은 대부분 B를 골랐습니다. 본질주의란 어떤 존재에는 반드시 그것을 규정하는 근본적이고 고유한 속성이 있다고 보는 관점을 말합니다. B를 고른 실험 참가자들은 "같은 소재로 되어 있잖아요. 겉모양보다는 본질이 같아야 같은 거죠."라고 답했죠. 이처럼 재질이나 근본이 같다면 같은 무리에 속한다고 보는 겁니다.

A를 선택한 사람들은 기능론적 관점을 가지고 있습니다. "모양이 같잖아요. 같은 원 모양 구멍에 끼워 넣을 수 있잖아요."라고 말하며 A를 고른 이유를 설명하죠. 이를 기능론적 접근이라고도 합니다. 어떤 대상이 할 수 있는 역할이나 기능에 근거해 그 대상을 규정하는 관점입니다. 그러니까 본질을 보는 사람과 역할을 보는 사람이 다른 겁니다.

하나 더 볼까요? 원숭이, 판다, 바나나가 있습니다.

원숭이와 판다를 묶는 방법이 1번, 원숭이와 바나나를
묶는 방법이 2번입니다. 여러분은 어떻게 묶겠습니까?

제가 강의에서 이런 예를 보여드리면 청중들은 대부분
2번, 원숭이와 바나나를 묶는 것을 택합니다. 그런데 서양인들은 이런 결과를 보고 깜짝 놀랍니다. 원숭이와 판다는 동물이고 바나나는 식물인데 어떻게 동물과 식물을 묶느냐는 겁니다. 그런데 우리는 원숭이와 바나나를 보면 모종의 관계가 있다고 생각을 하게 되죠.

실제로 우리나라는 전 세계에서 관계주의적 성향이 가장 강한 문화를 가지고 있어요. 관계주의란 '우리'를 '자아'로 동일시하여 타인과의 관계 형성을 통해 '자아'를 형성하는 걸 말합니다. 집단주의와는 조금 다르죠. 집단주의란 나의 집단이 나의 자아를 결정하는 것을 말합니다. 일본 사람들이 전형적으로 집단주의 성향이 강합니다. "나는 소니SONY 다닙니다." 이 한마디로 자기소개가 끝납니다.

우리나라 사람들의 자아는 훨씬 복잡해요. 나를 둘러싸고 있는 관계 속에서 내가 어떻게 불리느냐가 곧 나예요. 그런데 나를 부르는 호칭이 수백 가지도 넘습니다. 나는 회사에서는 과장이고, 누구한테는 삼촌이고, 누구한테는 남편이고 누구한테는 형이고 누구한테 선배이며… 이런 호칭을 200개는 더 얘기할 수 있죠. 내 자아를 설명하는 말의 리스트가 길어요. 이것이 바로 관계주의입니다.

자, 하나 더 볼게요. 도끼, 망치, 톱, 나무가 있습니다. 이 중에서 한 개를 빼야 한다면 뭘 빼시겠습니까?

(1) 망치를 뺀다.

(2) 나무를 뺀다.

다양한 관점이 있겠지만 2가지 보기만 드렸습니다. 2번, 나무를 빼는 걸 택한 사람들은 추상적이고 관념적인 관점으로 보신 겁니다. 1번, 망치를 빼는 걸 택한 사람들은 시베리아의 벌목공 관점으로 보신 거예요. 벌목공에게는 나무가 없으면 안 되죠. 망치는 없어도 돼요. 즉 실천적 관점으로 본 겁니다. 실행하는 사람들의 관점이에요. 나무를 뺀 사람들은 생각하는 역할, 망치를 뺀 사람들은 실행하는 역할을 하는 사람입니다.

위의 3가지 예시만 봐도 사람들의 관점이 얼마나 다른지, 사람들의 부류가 얼마나 다양한지 알 수 있습니다. 그런데 여기서 알고 있어야 할 점이 있습니다. 우리가 매 상황마다 나와 다른 관점을 가지고 있는 사람들의 '도움'을 받고 있다는 사실입니다. 근본이 뭔지가 궁금한 사람들은 역할을 보지 않으니 역할을 생각하는 사람들의 도움을 받을 수밖에 없죠. 반대로 역할만 계속 생각하는 사람들은 "그 사람이 어디에서 온 줄 알아?"와 같은 정보를 들으면서 자기의 생각을 넓힐 수 있습니다.

"

나와 다른 생각을 하고,

다른 의견을 내는

사람이야말로 나에게

반드시 필요한 사람이에요.

내가 못 보는 것을 보거든요.

"

관계주의적 성향이 강한 우리나라 사람들에게는 너무 엉뚱한 걸 관련 있는 것으로 생각하는 경향이 있어서, 이것과 저것은 종류가 다르다며 그렇게 묶으면 안 된다고 지적해주는 사람이 필요합니다.

제2차 세계대전에서 연합군이 독일군을 이긴 이유 중 하나가 개념적인 리더와 실행적인 리더가 공조한 것입니다. 제2차 세계대전에서 유명한 전쟁 영웅이 탄생하는데요. 바로 드와이트 아이젠하워Dwight Eisenhower와 조지 패튼George Patton입니다.

드와이트 아이젠하워는 2차 세계대전 당시 횃불작전, 시칠리아 상륙작전, 노르망디 상륙작전에서 뛰어난 리더십을 발휘한 인물이었습니다. 제2차 세계대전을 연합국의 승리로 이끈 전쟁 영웅이자, 전쟁 후에는 고국으로 돌아와 대통령으로 당선되면서 미국을 안정적으로 이끌었습니다. 대통령 재임 당시 극심했던 인종 차별을 연방군 투입으로 저지시킨 또 다른 의미의 영웅이기도 합니다.

그는 개념적이고 관념적으로 생각하는 유형이어서, 전투를 준비하면서 늘 계획을 세워야 함을 강조했습니다. 그리고 그 넓은 유럽 대륙을 정리해서 한 장의 지도 위에 올려놓은 그림을 좋아했죠. 수많은 지형지물을 한 장의 종이 위에 축소시켜놓고 판단하는, 매우 거시적인 시각을 가진 지휘관입니다.

조지 패튼은 제2차 세계대전 당시 북아프리카 전선, 시칠리아 전선, 유럽 서부전선에서 맹활약을 펼친 미합중국 육군의 장입니다. 전간기 미군의 기동전과 전차부대 운용 교리를 정립한 선구자적 인물이자 미군 최초의 전차 부대 지휘관이기도 하죠. 냉전기에 미군 주력 전차 자리를 차지했던 패튼 전차 시리즈의 작명 모델이 된 것으로도 유명합니다. 패튼은 제2차 세계대전 당시 연합군 최초로 독일 본토에 진입했습니다. 현장을 직접 지휘하며 미심쩍을 때도 거침없이 진격하는 리더십은 많은 이들의 존경을 받을 만했죠. 패튼은 전형적인 실천주의적 지휘관이었습니다. 이 사람이 제일 싫어하는 게 지도입니다.

"리더는 앞에 서야 한다. 뒤에서 미는 지휘관은 리더가 아니라 운전수다. 물속에 뛰어들지 않고 어떻게 수영을 할 수 있겠는가? 지도 위에서 어떻게 스케이트를 배울 수 있겠는가?"

지도 위에서 뭘 옮긴다고 해서 바뀌는 것은 없다. 내가 실제로 앞으로 나아가야 뭐라도 이루지 않겠느냐고 주장하는 실천주의자입니다.

이 두 사람 모두 리더입니다. 아이젠하워와 패튼 사이에 갈등이 없었던 것은 아니지만 결국은 서로 다르다는 것을 인정하고 보완했습니다. 자기의 장점을 상대방은 가지고 있지 않지만 상대방의 장점을 나도 가지고 있지 않다는 것을 인정한 것이죠. 서로를 적극적으로 이용하면서도 서로 돕는 관계를 만들어냅니다. 갈등하면서도 파국을 맞지는 않았습니다. 계획을 세우는 리더와 실행하는 리더가 아웅다웅하는 것 같지만 협동을 통해 전쟁을 승리로 이끌어낸 겁니다.

전쟁에서 지는 나라의 공통점이 있습니다. 바로 독재자가 있었다는 점입니다. 제2차 세계대전에서 패배한 나라는 제국주의나 파시즘이 강했습니다. 독재자가 지배하는 나라는 필연적으로 관점이 획일화될 수밖에 없습니다. 지휘관들의 관점이 동일하다 보니 같은 생각을 하고 검증을 하지 않죠. 하지만 나와 다른 생각을 하고 다른 말을 하는 사람이야말로 나한테 반드시 필요한 아군입니다. 내가 못 보는 것을 보거든요. 그리고 내가 여기까지 해놓으면 그다음을 해주거든요.

공동의 목표에 대한 헌신이 얼마나 지극하건, 누구도 지적받길 좋아하진 않습니다. 더 나은 혁신적인 생각이나 문제해결 방법을 도출해내기 위해 잘못된 점을 지적하는 것은 서로에게 좋은 일이죠. 직장에서 더 성장하는 인재가 되려면 관점이 다른 사람도 나와 상보관계가 될 수 있음을 이해해야 합니다. 내가 할 수 없는 역할을 해줄 수 있는 고맙고 소중한 존재라는 것을 인정해야 해요. '갈등하지만 필요한 존재, 내가 좋아하진 않지만 나에게 도움이 되는 존

재'라는 걸 생각하면서 지혜롭고 낙관적인 관점을 견지하

길 바랍니다.

2부
온전한 나로 서기

나에게 집중하면
인간관계에서 자유로워진다

1강

행복이란 무엇인가

제 영어 발음을 들어보신 분들은 상상조차 못하시겠지만 제가 미국 유학생활을 6년 했습니다. 다른 나라로 떠나 낯선 환경에서 외국인들 틈에서 학교를 다니는 유학생들의 각오는 비장합니다. 때때로 한국이 그립기도 하고요. 사무치게 그립다는 게 어떤 건지 몸으로 이해하게 되죠. 한국 드라마를 보다가 떡볶이 한 접시 먹는 장면만 나와도 눈물이 날 때가 있어요. 그래서 유학생들은 더욱 열심히 공부합니다.

왜 유학을 떠나는지 아세요? 사실 한국에서도 그렇게 공부하면 모두 공부를 잘할 수밖에 없어요. 그런데 다른 나라에 가면 갑자기 비장해지고 그렇게 열심히 하지 않으면 큰 죄를 짓는 거 같아서 공부를 더 열심히 하게 되거든요.

저도 한국에서 대학원 다닐 때는 좀 놀기도 했는데, 유학 가니까 어차피 할 일도 없어서 죽어라고 공부만 했습니다. 토요일, 일요일에도 도서관에 나와서 공부하고 심지어는 크리스마스이브에도 공부를 했어요. 우리나라 지도교수님이면 당연히 이렇게 말씀하셨을 거예요.

"열심히 하네. 대견해."

그런데 유학 시절 제 지도교수님은 그런 저를 보면서 걱정이 됐는지 불러서 이렇게 말씀하시더라고요.

"경일, 네가 미국 땅에서 이렇게 공부하면서 보내는 이 오늘, 하루하루도 네 인생에서 마땅히 행복해질 권리가 있는 날들이야."

그 말을 듣는 순간 저는 멍해졌습니다. 머리를 한 대 얻어맞은 것처럼 멍하다는 표현도 그때 몸으로 느꼈죠. 그리고 지도교수님은 이렇게 말씀을 덧붙였습니다.

"오늘은 빨리 집에 들어가서 가족들이랑 맛있는 거 먹고 푹 자도록 해. 그렇게 3일 정도 지내다가 다시 연구실로 돌아와."

많은 사람들이 행복을 굉장히 중요한 가치라고 생각합니다.

"왜 사세요?"

"행복해지려고요."

직장인들에게도 마찬가지입니다.

"왜 일하세요?"

"행복한 미래를 위해서요."

연세대학교 심리학과 서은국 교수님이 『행복의 기원』이란 책을 쓰시면서 저한테 이런 얘길 하셨어요.

"내가 지금까지 행복에 관련된 이야기를 참 많이 했지만 사실은 이 책에 내가 진짜 하고 싶은 얘기를 담았어요."

"가장 하고 싶은 이야기가 뭐였는데요?"

"행복은 목표가 아니라는 것이요. 행복은 도구예요. 행복이란 인생의 궁극적인 목표나 생을 마감하는 어느 순간에 최종적으로 도달해야 하는 상태가 아니라 오늘 하루하루에도 마땅히 느껴야 하는 것입니다."

행복을 너무 거창하게 생각하지 마세요. 행복은 달려가면서 인고해야 하는, 그래서 끝내 어느 순간에 만나야 하는 목표가 아니에요. 오늘 하루하루 우리가 소소하게 느껴야 하는 도구일 뿐입니다.

실제로 많은 사람이, 특히 우리나라 사람들은 언제 죽을지도 모르고 언제 그 지점이 오는지도 모르는데 행복이라는 걸 멀리 밀어냅니다. 행복은 늘 저기 어딘가 멀리 있어요. 20년, 30년쯤 행복하지 않고 고통을 참아가며 인고의 세월을 거치면 그날이 올 거라고, 점점 더 가까워지고 있다고 생각합니다.

서은국 교수님은 그 생각이 너무 어리석다고 말했고, 제 지도교수였던 아트 마크먼Art Markman 교수님도 제 행동을 보고 착각하고 있는 부분이 있다고 바로잡아주었습니다.

물론 오늘을 쾌락만 탐닉하며 살라는 이야기가 아니에요. 하지만 먼 미래, 기약도 없이 뜬구름 같은 행복을 위해 오늘 하루를 지나치게 고통스럽게 살고, 인고의 세월을 참아내면 먼 훗날 행복해질 수 있다는 생각은 명백한 착각이라는 말씀을 분명히 드리고 싶습니다.

지금 여러분 머릿속에선 아마도 몇 년만 참으면 분명 지금보다 큰 행복이 기다리고 있지 않겠느냐는 의문이 맴돌고 있을 겁니다. 고등학교 3년을 잘 참으면 좋은 대학에 가고, 직장에 취직해 10년 동안 돈을 아끼고 모으면 집을 장만할 수 있고, 직장에서 보기 싫은 사람도 잘 참고 견디면 언젠가 그만한 보상이 오는 것 아니냐고, 실제로 그런 사례

"

행복을 너무 거창하게
생각하지 마세요.
행복은 기나긴 인고 끝에
만나야 하는 목표가
아니에요.

"

를 주변에서 많이 봤다고 반문하실 수 있습니다.

그런데 큰 행복 한 번보다는 작은 행복 여러 번이 훨씬 중요합니다. 작은 행복을 자주 느끼는 사람이 훨씬 오래 생존한다고도 하죠.

우리가 사는 이유는 여러 가지가 있겠지만, 동물적으로 표현하자면, 내가 오래 살아남아야 내 후손도 남기고 우리 인간이라는 종이 지구에서 멸종하지 않습니다. 내 생존이 길어지는 게 결국은 인류의 생존에도 기여하는 겁니다. 그러니까 나의 생명을 연장시키는 건 크게 보면 우리 인간이라는 종 전체에 도움이 되는 거예요. 그런데 행복이 어떻게 수명을 연장시키는 걸까요? 가슴 벅찬 감동적인 행복 한두 번이 인간을 오래 살게 할까요? 연구를 해보니 그렇지 않았습니다.[4]

"행복은 기쁨의 강도가 아니라 빈도다Happiness is the Frequency, Not the Intensity, of Positive Versus Negative Affect."

주관적 안녕감subjective well-being이라는 이름 아래 행복 연구를 주도한 심리학자 에드 디너Ed Diener 교수가 강조하는 행복의 법칙입니다.

100점짜리 행복을 열흘에 한 번 느끼는 사람과 10점짜리 행복을 매일매일 누리는 사람이 있습니다. 누가 더 행복할까요? 행복의 총합은 둘 다 100점이니 둘 다 똑같이 행복할까요? 연구에 따르면 총합은 같아도 10점짜리 행복을 매일매일 느끼는 사람이 훨씬 더 건강하게 오래 살았습니다.

실제로 행복의 총량은 0에 수렴합니다.

다음 표에서 X축은 하루하루를 나타내는 시간입니다. 좋았던 날도 있고, 우울했던 날도 있고, 괜찮은 날도 있습니다. 다시 힘든 날, 좋았던 날, 이렇게 가다 보면 결국 0에 수렴하죠. 거의 예외 없이 기분으로서의 행복은 장기적으로는 0에 수렴합니다. 들쑥날쑥하니까요. 365일 즐거운 사람을 가리켜 조증 환자라고 해요. 365일 내내 기분이 가

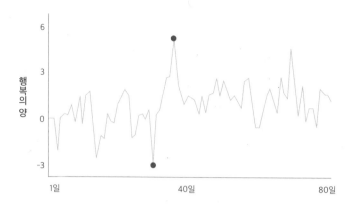

라앉아 있으면 우울증 환자죠. 감정이 극단적이지 않고 안정적인 사람들은 총량이 0에 가까워집니다.

그런데 한번 생각해보세요. 행복의 크기가 한 번 크게 올라갔다가 쑤욱 내려오면 행복의 크기가 크더라도 빈도는 한 번입니다. 그런데 좀 방정맞아 보이지만 여러 번 올라갔다 내려갔다를 수없이 반복하면 어떨까요? 행복이 많아지는 거예요. 행복을 자주 느끼는 거죠. 이런 경우가 사람에게 훨씬 좋은 영향을 줍니다.

여러분은 한 번에 느끼는 행복의 크기가 가장 컸던 게 언제인지 기억하시나요? 그 크기가 어느 정도였나요? 보통 사람들은 범접할 수 없을 정도로 행복을 크게 느끼는 사람들이 있습니다. 바로 연예인들입니다. 그런데 그중에는 스스로 생을 마감하는 선택을 하는 사람도 있습니다. 그들은 왜 그런 선택을 했을까요? 수많은 이유가 있겠지만 그중 하나는, 우리로서는 범접할 수도 없는 크고 화려한 행복감을 느끼긴 했지만 그 빈도는 너무 낮았기 때문입니다. 매일 거대한 행복감을 느끼기는 거의 불가능하니까요. 너무 큰 행복은 오히려 우리를 굉장히 어둡고 긴 터널 속으로 끌고 가기도 합니다. 인간의 삶 속에는 작은 행복이 여러 번 있어야 해요.

그런데 이렇게 작은 행복을 여러 번 누리는 건 혼자만의 힘으로는 불가능합니다. 예를 들어, 나한테 알사탕을 주는 친구가 10명 있으면 나의 행복 빈도수는 10번 이상이 되겠죠. 나한테 1억 원을 흔쾌히 내어주는 친구가 한 명밖에 없으면 행복의 크기는 커지지만 빈도는 적어져요. 알사탕 한

개 줄 능력밖에 없는 친구라도 10명 있는 게 더 중요하다는 겁니다.

　행복에 관련된 연구를 하다 보니 인간관계도 행복에 중요한 영향을 끼치는 걸 알게 되었습니다. '나한테 큰 것을 주지 못하더라도 작은 것을 기꺼이 줄 수 있는 친구들이 주위에 있는 것, 주변 인간관계가 매우 중요하다'는 것을 깨닫게 된 것입니다.

　그리고 연구를 계속하던 중에 더 깜짝 놀랄 만한 사실을 알게 되었습니다. 행복과 창의성이 연결되어 있다는 것이었습니다. 주변에 작은 행복을 주는 사람들은 창의적으로 살고 이 세상을 바꿀 만한 아이디어를 냈습니다.

　장기나 오목이나 바둑을 둔 적이 있는 분은 다 아실 거예요. 내가 둘 때는 좋은 수가 잘 생각나지 않습니다. 그런데 신의 한 수가 진짜 잘 생각날 때가 있어요. 바로 훈수 둘 때입니다. 훈수가 뭔가요? 바둑을 내가 두는 게 아니라 내 친구가 두고 있는 거예요. 그런데 내가 지나가다가 "야, 여기다 두면 되잖아."라고 건넨 한마디가 신의 한 수가 될 때가 있어요.

관계주의가 강한 우리나라 사람들은 "창의적인 것 좀 갖고 와봐." 이러면 못 가져오는데 "네 주변에 있는 사람들을 좀 도와줘."라고 하면 그때 어마어마하게 창의적으로 변합니다. 심지어는 서로 밀접한 사이가 아닌데도 그래요.

이렇게 남을 돕는 것, 이타성이 창의성을 발현시키는 요소가 됩니다. 이타성은 자기 중심에서 벗어나서 다른 사람의 입장이 되어 어떤 일에 참여할 여지를 찾으려는 노력입니다. 다른 사람의 입장에서 문제를 해결해보려고 접근 방식을 바꾸게 되는 과정에서 창의적인 능력이 길러지게 되는 거죠. 그래서 이타적인 사람, 다른 사람에게 행복을 줄 수 있는 사람이 더 창의적인 겁니다.

이타성을 가지고 다른 사람들을 도와주면 지금은 손해

를 보겠지만, 언젠가는 나와 관계를 맺고 있는 사람들이 나에게 '사소한 하나'를 주게 되어 있습니다. 그러면서 나의 행복의 빈도가 높아지겠죠. 내가 어떤 새로운 아이디어를 내고 있지 못할 때 가볍게 훈수를 두고 가기도 합니다. 그 사람한테는 큰 게 아니지만 나는 행복의 빈도가 높아집니다.

세상은 경쟁하는 곳, 정글이라고 합니다. 하지만 인류의 오랜 역사를 연구해온 사람들은 저희 심리학자들에게 이렇게 말하라고 당부합니다.

"심리학자들아! 우리가 태초 이래의 인간의 역사를 연구했는데 이 세상은 검투사가 승리한 세상이 아니야. 검투사는 강하지만 그 검투사도 나중에는 반드시 더 강한 다른 검투사의 칼에 맞아 죽임을 당해. 진짜 후손을 많이 남긴, 끝까지 살아남은 최고의 강자들은 그 검투사에게 박수를 쳐준 원형 경기장의 힘 없는 사람들이야. 그리고 그중에서도 가장 힘이 없어 보이지만 가장 많은 자손을 남긴 사람들은 이타적인 사람이야.

이기적인 사람에게는 절대 두 번째 기회를 주지 않아. 그런데 우리 문명, 우리 인간 세계는 두 번째, 세 번째인 사람에게도 기회를 주는 경우가 있었어. 바로 이타적인 사람이지."

여러 심리학 연구를 살펴보면, 행복한 사람은 이타적인 행동을 많이 한다고 합니다. 행복한 사람은 다른 사람에게 훨씬 더 친절하게 행동하는 경향이 높고, 많은 시간과 돈을 투자해서 다른 사람을 돕는다고 해요. 그렇게 도움을 받은 사람은 행복해지고, 그 행복해진 사람이 다시 다른 사람을 도우면서 이타성과 행복의 순환고리가 만들어집니다.

나의 인간관계 안에 있는 사람들 중엔 나를 힘들게 하는 사람도 있고 나를 경쟁자로 보는 사람도 분명 있을 거예요. 그런데 이렇게 한번 생각해보는 건 어떨까요? 언젠가 나를 도와줄 수 있는 사람, 나에게 작은 행복 하나를 가져다줄 수 있는 사람이라고요. 혹은 내가 먼저 다른 사람을 도와주면 어떨까요? 나의 작은 이타적인 행동이 복잡한 인간관계 문제를 풀어줄 실마리가 될 수도 있습니다.

남의 인정보다 더 중요한 것

'관종은 아니지만 인정은 받고 싶어!'

인간은 모두 이런 마음을 갖고 있습니다. 크게 관심받고
싶은 건 아니지만 사람들이 나를 좋게 봐주면 좋겠고 내가
하는 일도 알아봐주길 바랍니다.

제가 한번은 어느 대학입시 박람회에 강연하러 갔었는
데 전시 부스에서 홍보하는 분이 "아버님, 이거 한번 보세
요." 하며 말을 걸더군요. 그 말을 듣자 '내가 그렇게 늙어
보이나?' 하는 생각이 들면서 기분이 좀 가라앉았습니다.

'아버님'이라는 말은 자식 결혼시키고 손주도 본 어르신들에게 쓰는 말 같잖아요. 그러고 나서 단골 식당을 갔는데 "교수님, 오늘 너무 젊어 보이세요." 하는 말을 들으니 세상이 너무 아름답게 빛나는 것처럼 느껴집니다.

인정욕구는 우리 인생에 큰 영향을 끼칩니다. 우리는 늘 인정받고 싶어하죠. 그리고 이런 고민을 합니다.

"저는 직장에서 인간관계가 좋지 않아서 제대로 성과 인정을 못 받는 것 같아요. 어떻게 해야 상사와 동료들로부터 인정받을 수 있을까요?"

답은 간단합니다. 내가 먼저 나를 인정해야 남들도 나를 인정합니다. 너무 뻔한 말 같지만 내가 나를 인정할 수 있어야 합니다. 자기가 자기를 인정하지 못하고, 스스로를 별로라고 생각하는 사람들은 계속해서 무언가에 지나치게 집착하게 됩니다. 예를 들어 인정욕구가 강해 외모에 집착하는 사람들은 "키가 5센티미터만 더 크면 좋을 텐데…. 살은 10킬로그램은 빼야겠어. 피부가 너무 안 좋은 것 같아." 하며 끊임없이 단점을 찾아내고 자신을 비하합니다.

누구든지 어느 날 아침에 샤워하고 나왔는데 내 얼굴이 너무 예쁘고 잘생겨 보일 때가 있습니다. 반대로 못생겨 보일 때도 있고요. 그런데 잘생겨 보이는 날의 나와 못생겨 보이는 날의 나는 남이 볼 때는 똑같습니다. 평소와 다른 게 없어요.

365일 내내 내가 나를 볼 때 괜찮아 보이면, 그 사람은 늘 자기애가 지나친 사람이고, 나르시시즘Narcissism이 강한 사람입니다. 그건 문제가 큰 거죠. 반대로 365일 내내 자신을 별로라고 보는 사람은 자신을 부정적으로 평가하는, 자존감이 낮은 사람입니다. 보통 사람은 이 두 감정이 왔다 갔다 합니다. 잘생긴 외모로 유명한 배우도 어느 날은 자기가 못생겨 보이는 날이 있다고 하잖아요.

그런데 좋기도 하고 나쁘기도 한 '감정 기복의 평균 지점'이 높은 사람이 있고, 낮은 사람도 있어요.

우리는 이 중 어떤 사람을 더 쉽게 인정할까요? 스스로 어느 정도 괜찮다고 평가하는 사람을 인정합니다. 물론 너무 나르시시즘이 강한 사람은 오히려 다른 사람들이 인정을 안 하게 되죠. 스스로 그렇게 과시하고 있으니 남들이 인정해줄 틈이 없잖아요. 반면 자존감이 너무 낮아서, 자학적인 이야기만 하고 "난 안 될 거야. 되는 일이 없어."라는 부정적인 말만 하는 사람의 이야기를 들어주면 나도 같이 힘들어집니다. 스스로를 낮게 평가하는 사람을 인정하는 것도 어렵죠. 주변을 한번 돌아보세요. 우리가 인정하는 사람은 스스로를 인정하는 사람, 스스로 긍정적인 평가를 하는 사람입니다. 쉽게 말해 밝고 긍정적이고 낙관적인 사람이죠. 어떻게 하면 인정받을 수 있느냐고 묻는 것은 곧 어떻게 하면 밝고 긍정적이고 낙관적인 사람이 될 수 있는지 묻는 것과 같습니다.

그렇다고 너무 '낙천적'이기만 한 것도 좋지는 않습니다. 해맑고 낙천적이라는 건 스트레스를 전혀 받지 않는다는 뜻이거든요. 그런 사람의 스트레스 지수는 0일 거예요.

그들은 오히려 주변 사람들을 힘들게 합니다. 낙천적인 사람들은 늘 자기 자신을 과신하기 때문에 어떤 일을 할 때 집요하게 노력하지 않거든요.

우리는 낙관적이고 긍정적이고 밝은 기운을 가진 사람을 인정한다고 했습니다. 낙관적인 사람은 좋은 일을 최대로, 나쁜 일은 최소로 일어나도록 생각을 조직하고 행동에 옮깁니다. 어떻게 하면 낙관적인 태도를 가질 수 있을까요?

제가 강연에서 자주 하는 말이죠. 우리나라는 '우리' 개념이 강한 사회입니다. '우리' 사회는 '나'라는 존재보다 '우리'라는 공동체를 더 중요하게 여깁니다. 그래서 한국의 문화는 전 세계에서 가장 큰 자아 개념을 가지고 있죠. 나의 엄마를 우리 엄마, 혼자 사는데도 내 집이 아니라 우리 집, 국가도 나의 나라가 아니라 우리나라라고 합니다. 이렇게 '우리'라고 하는 큰 자아를 가지고 있는 독특한 한국 문화에서는 '우리'가 하는 것은 나도 무조건 해야 한다는 경향이 강해요. 그래서 이런 현상이 나옵니다.

역대 드라마 시청률 베스트 10

순위	최고 시청률	드라마 제목	방영 기간
1	65.8%	첫사랑	1996. 9. 7~1997. 4. 20(66부작)
2	64.9%	사랑이 뭐길래	1991. 11. 23~1992. 5. 31(55부작)
3	64.5%	모래시계	1995. 1. 9~1995. 2. 16(24부작)
4	63.7%	허준	1999. 11. 22~2000. 6. 27(64부작)
5	62.7%	젊은이의 양지	1995. 5. 6~1995. 11. 12(56부작)
6	62.4%	그대 그리고 나	1997. 10. 11~1998. 4. 26(58부작)
7	61.1%	아들과 딸	1992. 10. 3~1993. 5. 9(64부작)
8	60.2%	태조 왕건	2000. 4. 1~2002. 2. 24(200부작)
9	58.4%	여명의 눈동자	1991. 10. 7~1992. 2. 6(36부작)
10	57.8%	대장금	2003. 9. 15~2004. 3. 30(54부작)

1992년부터 2000년대 초반까지 역대 드라마 시청률 순위입니다. 최고 시청률을 기준으로 작성된 리스트인데, 요즘 드라마 시청률을 생각하면 말이 안 되는 시청률이에요. 표에 나온 것처럼 드라마 시청률이 웬만하면 50퍼센트를 넘기고 70퍼센트에 가까웠던 시절이 있었어요. 40~50대 분들은 아마 이 드라마들을 거의 보셨을 겁니다.

역대 만화 시청률 베스트 10

순위	최고 시청률	만화 제목	방영 기간
1	42.8%	날아라 슈퍼보드	1992
2	39.1%	무적 파워레인져	1993
3	36.0%	슬램덩크	1998
4	35.5%	피구왕 통키	1994
5	33.6%	달의 요정 세일러문	1997
6	33.0%	포켓몬스터	1999
7	33.0%	쾌걸 조로	1993
8	29.3%	슈퍼 그랑죠	1992
9	29.0%	달려라 부메랑	1994
10	28.0%	베르사유의 장미	1994

우리나라는 만화 시청률도 40퍼센트를 넘겼던 나라입니다. 1992년에 방영된 〈날아라 슈퍼보드〉 시청률은 42.8퍼센트예요. 한국 사람은, 저 사람이 하면 나도 해야 한다고 생각해요. 우리가 하면 나도 해야 하는 거죠. 그래야 인정은 받지 못해도 최소한 뒤처지지 않을 수 있으니까요. 일종의 FOMOFear of Missing Out 증후군, 즉 자신만 뒤처지거

나 소외되어 있는 것 같은 두려움을 가지는 증상일 수도 있습니다.

1980년대 중고등학생 시절에 제가 가장 중요하게 생각했던 거는 프로스펙스나 나이키 신발을 신는 거였어요. 이 브랜드의 신발을 신지 않고 유행을 따라가지 않으면 학교 내 교우관계에서 문제가 생겼습니다. 조다쉬 청바지, 리바이스 청바지, 이런 거 입지 않으면 안 끼워주거든요. 그래서 '우리'가 가지고 있는 것은 '나'도 가지려고 하게 되죠. 그렇게 같은 무리로 인정받고 싶은 겁니다.

'인정받고 싶은 마음'을 '인정투쟁'이라고도 합니다. 독일 철학자 악셀 호네트Axel Honneth가 쓴 책의 제목이기도 해요. 인간은 타인이 나를 자립적인 가치로 인정해주기를 바라며, 나의 가치를 자신의 가치로 인정해주기를 바랍니다. 악셀 호네트는 인정투쟁에 대해 이렇게 정의했습니다.

"한 주체는 다른 주체에게 인정받을 때 자신의 정체성을 획득한다. 새롭게 획득된 정체성은 더 높은 인정에 대한 요구를 불러일으킨다."

여러 심리학자의 연구들을 보았을 때 우리나라는 인정
투쟁이 가장 강한 나라라고 해도 과언이 아닙니다. 왜냐하
면 사회적으로 고립되는 것을 가장 불안해하는 문화이니
까요.[5] 특히 우리나라 사람들은 남의 인정을 받아야만 내
가 누군지, 나의 정체성이 무엇인지 정립할 수 있습니다.
내가 상무님한테 인정받으면 부장님한테 인정받은 것보다
더 강하게 인정받은 것이고, 1명보다 10명한테 인정받으
면 더 많은 인정을 받는 셈이죠.

인간에게는 누구나 이런 인정투쟁 욕구가 있습니다. 인
정을 받기 위해서 투쟁적으로 사는 거예요. '우리'라고 하
는 강한 공동체 문화를 지닌 우리나라에서는 그 인정투쟁
이 더 치열할 수밖에 없겠죠.

인정투쟁은 원래 철학적 개념입니다. 헤겔Georg Hegel의
『정신현상학』 중 '자기 의식' 편을 이해하는 핵심 개념입니

"

우리가 인정하는 사람은
스스로 인정하는 사람,
스스로 긍정적인 평가를
하는 사람입니다.

"

다. 헤겔은 정신 발전의 중요한 고리가 '인정'이라고 보았고 인정받고자 하는 욕망은 생사를 건 투쟁이라고 했습니다. 철학용어 설명은 관념적이고 추상적이어서 이해하기 어려울 수 있는데, 같은 말이라도 쉽게 설명하는 사람들이 있죠. 그 분야에서 공부를 많이 하고 통달한 사람입니다. 저는 우리나라 심리학자 중에 책을 가장 많이 보고, 공부를 많이 하는 사람으로 김정운 박사를 꼽습니다. 김정운 박사는 인정투쟁에 대해 이렇게 정의하더군요.

"한국 사람들은 인정받고 싶어하고 그렇게 인정받아야 하는 그 삶을 투쟁적으로 삽니다. 그런데 인정투쟁보다 더 쉬운 말이 있습니다. '남의 감탄'입니다. 인간은 감탄하고 감탄을 받으려고 살아요."

인정받고 싶다는 건 남이 나에게 "우아, 대단해요. 멋져요. 최고예요."라는 말을 해주길 바란다는 뜻입니다. 인정투쟁을 하는 사람들은 그저 남의 감탄을 듣기 위해 열심히 살고 있는 것이고, 인정받고 싶은 마음이 든다는 건 지금 나에게 다른 사람의 감탄이 필요하다는 뜻입니다.

내가 나를 존중해야 한다는 것도 마찬가지 맥락입니다. 내가 나에게 감탄할 수 있어야 해요. 내가 나 자신에게 감탄할 수 없으면 다른 사람도 나에게 감탄하지 않습니다. 나도 감탄하지 않으면서 어떻게 남에게 기대를 하겠어요? 자신의 외모에 감탄하라는 말이 아닙니다. 나 자신에게 감탄하려면 어떻게 해야 할까요?

자신의 능력치가 올라가는 경우, 나에게 감탄할 수 있겠죠. 예전에는 못 쓰던 붓글씨를 잘 쓰게 되었다거나 피아노를 배워서 노래 한 곡을 연주할 수 있게 되는 등 본업과 무관한 문화 활동을 하면서 성장하는 경험을 해보는 겁니다. 글쓰기든 음악이든 미술이든 스포츠든 취미 활동을 하면서 성취 경험을 하는 것이 나 자신에게 감탄할 수 있는 가장 쉽고 좋은 방법입니다.

자존감이 적절하게 높은 사람들의 특징은 자기만의 문

화 활동을 한다는 것입니다. 비싼 티켓을 사서 오페라나 뮤지컬을 관람하는 것도 좋지만 자신이 직접 참여하는 문화적 행동이 있을 때 자존감이 더 높아집니다. 직접 글을 쓰고 노래를 작곡하고 그림을 그리고 춤을 추는 겁니다. 철학자 니체Friedrich Nietzsche는 이렇게 말했습니다.

"한 번도 춤추지 않은 날은 잃어버린 날이라고 생각하는 것이 좋다."

니체의 이 말을 글자 그대로만 받아들이면 춤 안 추면 큰 일난다는 것이죠? 위대한 철학자, 머릿속으로 엄청난 생각을 해왔을 니체는 자신의 본업인 철학과 아무 관련이 없는 춤을 추면서 스스로에게 감탄할 수 있었습니다. 춤을 매우 사랑한 니체는 알프스 산자락을 춤추며 다녔다고 합니다. 이처럼 일과 상관없는 체험에서 나 스스로에 대한 감탄을 만들어내야 내가 나를 인정할 수 있습니다. 이런 밑바탕이 있는 사람들이 사회에 나갔을 때 동료, 상사, 후배 들은 본능적으로 느낍니다.

'아, 이 사람은 자존감이 있는 사람이구나.'

우리는 대부분 일을 통해 성취감을 느끼지만 문화적 삶에서도 성취해봐야 합니다. 문화적 성취가 나를 더 인정받게 만들거든요. 이는 나의 자존감을 높이는 중요한 역할을 합니다.

그런데 꼭 일과 관련 없는 부분에서 감탄해야 할까요? 일과 관련된 부분에서 감탄하려면, 훌륭하게 일 처리를 하거나 경쟁 상황에서 1등을 해야 해요. 일에는 경쟁이 있고 순위가 매겨지기 때문에 감탄의 경지에 올라갔다는 것은 다른 사람을 눌러 이겼다는 뜻입니다. 처절한 투쟁, 사생결단…. 피 냄새가 나죠. 일과 관련되지 않은 활동에서는 성취하기가 쉬울뿐더러 비용이 덜 듭니다.

문화 활동에서는 경쟁이나 순위라는 개념이 무의미해요. 피아노 연습을 열심히 해서 노래 한 곡을 잘 연주했다고 합시다. 그때 나의 피아노 연주 실력은 몇 등일까요? 세계에서 1억 등쯤 할 겁니다. 그런데 우리는 그 순위에 민감하지 않죠. 내가 그 피아노 연주를 본업으로 삼고 있지 않고 나만의 기준에 만족하고 해낸 것에 의미를 두니까요.

　일과 상관없는 문화 활동에서 나에게 감탄해본 적이 있는 사람은 일을 할 때도 긍정적입니다. 문화 활동에서 얻은 감탄이라는 긍정적인 에너지가 일에 전염되어 일을 잘할 수 있는 좋은 영양분이 되니까요. 물론 남의 감탄을 받는 것도 의미 있는 일이지만 나 스스로에게 감탄해주고 내가 나를 먼저 인정해준다면 우리는 인정투쟁에서 조금 더 자유로울 수 있지 않을까 생각합니다.

쉽게 자신감 만들어내는 법

얼마 전에 친한 친구와 저녁 약속이 있어서 그 친구 회사 앞에서 만나 걸어가고 있었습니다. 그런데 제 친구가 앞에서 우리 쪽으로 오는 어떤 사람을 보고 순간적으로 너무 놀라서 넘어질 뻔한 거예요. 마치 공포영화에서 괴물이나 귀신이 튀어나온 걸 보고 공포에 질렸을 때의 표정이었어요. 앞에 오던 사람은 바로 그 회사 상무님이었습니다. 바로 앞도 아니고 30미터 전방에 있는 상무님을 보고 그렇게 놀란 겁니다. 그런데 그 친구가 이렇게 얘기하더라고요. 영화에서 주변은 뿌옇게 사라지고 오로지 한 사람에게만 포

커싱되는 장면이 있잖아요. 상무님을 보면 주변이 그렇게 변하는 경험을 한다는 겁니다. 정말 무섭고 힘들대요.

그 친구는 꽤 영리하고 명석한데도 상무님 앞에만 서면 실어증에 걸린 듯 말이 안 나온답니다. 이 친구가 심리학자인 제게 심각하게 고민 상담을 해왔습니다. 그래서 상무님 앞에서 대체 어떻게 말하는지 한번 녹음을 해보라고 했습니다. 치료가 필요하다고 느낄 정도로 심각성을 느끼고 도움을 받고 싶었던 친구는 상황을 들려주기 위해 녹음을 했습니다. 녹음 파일을 들어보니 친구 상태가 심각하긴 했습니다.

"스… 스… 사… 상무님, 이 기… 그… 기… 기획안은 ….”

농담도 아니고 과장도 아닙니다. 고등학교를 전교 3등으로 졸업할 정도로 명석한 그 친구는 외모도 준수하고 인성도 좋아요. 물론 평소에는 말도 잘해요. 그런데 어떤 이유에서인지 모르겠지만 상무님 앞에서는 바보가 되는 거예요. 우리도 이 정도로 심각하진 않지만 상사 앞에서 좀 긴장을 하긴 합니다. 왠지 모르게 내 존재가 작아지는 것 같고 내 말과 행동이 다 틀릴 것 같은 기분이 듭니다.

완벽한 방법은 아니지만 우리가 쉽게 시도해볼 수 있는 꽤 효과적인 방법을 알려드리려고 합니다. 상사 앞에서 작아지지 않고 당당해지는 방법이 있습니다.

나를 긴장시키는 사람(상사든 면접관이든)을 만나기 전에 나 자신을 '크게' 만들어보세요. 동물들이 포식자 앞에서 자기 몸을 부풀려 위협을 하듯이, 커다란 몸짓을 해보는 겁니다. 장난스럽고 원시적인 행동 같은가요? 하지만 이 행동에는 중요한 의미가 담겨 있습니다.

감각은 생각을 좌우합니다. 우리 생각의 중추는 우리 신체 기관 중에 어디일까요? 당연히 뇌입니다. 이걸 모르는 사람은 없습니다. 뇌가 생각을 해요. 손이 생각을 하지 않죠. 허벅지가 생각하지 않습니다. 그런데 이 당연한 진리에 도전을 했던 심리학자들이 있습니다.

"손바닥도 생각해."

"엉덩이도 생각을 해."

말도 안 되죠. 근데 이 장난스러운 말이 상사 앞에 서면 작아지는 나를 도울 수 있는 이론이 됩니다. 모든 언어에 이런 표현이 실제로 있어요.

"나 손 씻었어."

여기다 대고 "그래, 그럼 수건 줄까?"라고 말하는 사람은 관용 표현을 이해하지 못한 거죠. 모든 언어에 또 이런 표현이 있어요.

"그 사람은 참 가슴이 따뜻한 사람이야."

사실 가슴이 따뜻한 건 병이에요. 고열 증세가 있다는 거니까요. '가슴이 따뜻하다'는 말은 착하고 인정이 많다는 뜻입니다.

"그 친구는 나랑 참 가까운 사람이야."

"야, 걔 LA에 살잖아."

이렇게 반응하는 사람도 역시 맥락을 이해하지 못한 거고요. 우리는 사람의 마음 상태를 표현하기 위해 온도, 질감 등 물리적 상황에 빗대어 은유를 하곤 하는데, 이 은유법은 모든 언어에서 비슷하게 나타납니다. warm(따뜻함, 다정함), cool(시원함, 괜찮음), cold(차가움, 냉정함) 등등. 이런 온도에 대한 표현은 대부분의 언어권에서 의미와 맥락이 비슷하게 사용됩니다.

그렇기 때문에 감각이 생각을 좌우하는 현상이 일어날 수 있습니다. 다시 말해 물리적 환경이 생각에 영향을 끼치므로 신체를 커다랗게 하면 자신감이 커집니다. 이를 '체화된 인지embodied cognition' 현상이라고 하지요.

처음에는 이런 연구가 생소하게 느껴졌지만, 10년 전부터는 많은 연구자들이 실험을 했고 그 결과가 안정적으로 관찰되었습니다. 결과가 안정적으로 나온다는 건 실험을 할 때마다 같은 현상이 발생했다는 뜻입니다.

면접관 10명이 1층에서 대기하고 있는데 실험 진행자가 5명에게는 뜨거운 커피가 담긴 컵을, 나머지 5명에게는 차가운 콜라가 담긴 컵을 줍니다. 엘리베이터를 타고 10층 면접장으로 가는 동안 5명은 손이 따뜻해지고 나머지 5명은 손이 차가워졌을 겁니다. 그리고 이 10명의 면접관은 같은 지원자를 평가합니다.

이미 눈치를 챘겠지만 따뜻한 컵을 들고 올라간 사람들은 같은 지원자를 조금 더 따뜻하게 평가합니다. 우호적으로 평가하는 거죠. 그런데 차가운 컵을 들고 올라간 사람들은 더 냉정하게 평가합니다. 예전에는 말도 안 된다고 생각했던 가설이었는데 나라, 문화, 연령을 막론하고 같은 연구 결과가 나왔습니다.

어떤 사람에 대해 좋은 평가를 하도록 얼마든지 유도할 수 있다는 말입니다. 같은 사람의 인사 서류를, 한 명에게는 무거운 보드판 위에 올려서 주고, 다른 한 명에게는 가벼운 종이 폴더에 끼워서 주었습니다. 무거운 보드판 위에 올린 인사 서류를 본 사람은 그 사람이 신중한 사람 같다고 말합니다. 한편 가벼운 종이 폴더에 있는 서류를 읽은 사람은 이 사람이 좀 가벼울 것 같다고 해요. 말도 안 되는 것 같지만 이것도 사실입니다.

　노련한 백화점 판매원들은 어떻게 해서든 고객이 직접 물건을 만지게 합니다. 물건을 만지고 나면 구매로 이어질 가능성이 2배 이상 뛰어오르거든요. 저는 '만진다'를 '연이 닿는다'로 연결시키며 최고의 기량을 발휘하는 사람을 본 적도 있습니다. 그는 수입 자동차 딜러로, 우리나라 판매왕 10위 안에 드는 사람입니다. 추운 겨울 아침, 동료들이 커피를 마시고 있을 때 이 사람은 출근하자마자 헤어드라이어를 챙깁니다. 그리고는 영하의 날씨에 찾아오는 고객들을 위해 헤어드라이어로 차 문손잡이를 사람의 체온 정도로 덥혀놓습니다. 차를 보러 온 고객은 차 문을 열 때 사람의 손을 잡는 듯한 느낌을 받겠죠. 그러면 고객은 따뜻한 감촉을 느끼면서 좋은 인상을 갖게 됩니다.

인간은 자기의 신체 상태와 자기의 생각을 균일하게 유지하려고 하는 경향이 있습니다. 어떤 자세를 취하느냐에 따라 권력을 가진 느낌이 들 수도, 권력이 없는 느낌이 들 수도 있음을 밝혀낸 연구가 있습니다. 바로 에이미 커디 Amy Cuddy 교수의 파워 포징Power Posing 연구입니다. 한동안 연구 결과의 진정성에 관해 논란(특히 호르몬 분비량)이 있었지만 심리적 효과는 있는 것으로 보입니다.

다음 사진을 한번 볼까요?

출처: Amy Cuddy, TED

이들의 자세를 보세요. 회의할 때, 이렇게 앉아 있는 사람들, 부장입니까, 대리입니까? 부장이죠.

그럼 다음 사진을 보죠.

출처: Amy Cuddy, TED

이 두 사람의 자세를 보세요. 이렇게 앉아 있는 사람들은 대개 신입사원이죠. 직급이 낮은 사람들의 자세입니다.

미국의 사회심리학자 에이미 커디는 실험에 참가한 학생들에게 다양한 자세를 취하게 했습니다. 몇 분 동안 실험군은 직위가 높은 사람의 자세를 취하고, 대조군은 직위가 낮은 사람의 자세를 취하게 했습니다. 실험 결과 자신이 취한 자세가 그다음 행동에 영향을 끼쳐 행동을 바꾸게 만들었습니다.

이제 특정 자세를 취했던 학생들과 게임을 합니다. 모든 게임에는 리스크가 있죠. 고위험 게임에 참여하려면, 20퍼센트의 확률로 100만 원을 따고 80퍼센트의 확률로 20만 원을 잃는 조건으로 배팅해야 합니다. 90퍼센트 확률로 5만 원을 따고 10퍼센트의 확률로 2만 원을 잃는 게임도 소개합니다. 이 게임은 수익은 낮지만 안전한 저위험 게임이죠. 그런데 직위가 높은 사람의 거만한 자세를 취했던 실험 참가자들은 게임을 할 때 모험적이고 위험선호적으로 변했습니다. 직위가 낮은 사람의 소심한 자세를 취했던 참가자들은 안전한 게임을 선택하고 위험기피적인 성향을 보였습니다.

실험이 끝나고 실험 참가자들의 신체 상태를 살펴보았

습니다. 그랬더니 코르티솔 호르몬 분비에 차이가 있었습니다. 코르티솔은 스트레스에 반응해 분비되는 물질로, 스트레스에 대항하는 신체에 필요한 에너지를 공급해주는 역할을 합니다. 코르티솔은 곧 스트레스와 직결된다고 보시면 됩니다. 스트레스가 높아지면 코르티솔 분비가 많아지죠.

직위가 높은 사람의 자세를 취한 참가자들의 코르티솔 분비는 어땠을까요? 코르티솔 분비량이 적었습니다. 반면 직위가 낮은 사람의 자세를 취한 참가자들은 스트레스가 올라가고 코르티솔 분비량이 많아졌죠.

이제 상사 앞에서 긴장하고 두려운 마음이 드는 분들은 상사를 만나러 가기 전에 이 시도를 해보시기 바랍니다. 지금 바로 해보세요. 당당하고 거만한 자세를 취하는 겁니다. 어깨를 펴고, 가슴을 넓히고, 호흡도 크게 하고 목소리도 자신 있게 내봅니다. 이 사소한 변화가 호르몬을 바꿔서 자신감 있게 만들어줄 수 있습니다.

"

가슴을 쫙 펴고
당당한 자세를 취해보세요.
힘이 세지고
자신감이 솟아납니다.

"

면접 보러 가기 전, 중요한 프레젠테이션을 하기 전에도 시도해보세요. 10~15분 동안 당당한 자세를 취하면, 어렵고 두려운 사람 앞에서 급격히 위축되는 현상을 적어도 초반부 1~2분 동안은 막을 수 있습니다. 초반에 밀리지 않으면 좀 더 적극적으로 대화를 이끌어갈 수 있을 겁니다.

인간의 몸과 정신은 하나입니다. 그래서 몸의 방향으로 정신이 따라가고 싶어합니다. '행복하니까 웃는다. 웃으니까 행복해진다.' 우리는 이런 말을 합니다. 이렇게 몸과 정신은 서로 영향을 끼치칩니다. 적극적이고 힘 있는 자세를 취하고 나면 마음도 커지고 힘이 생길 겁니다.

4강

먼저 다가가기 위한 작은 행동

"직장에서 늘 겉도는 것 같아 고민이에요."

이제 막 사회생활을 시작한 분들의 흔한 고민이죠. 저는 아싸(아웃사이더)의 기분을 잘 압니다. 대학교 때 있었던 이야기인데요. 학생회실에 가면 늘 과 친구들이 모여 있었는데 그날따라 학생회실에 아무도 없더군요. 그래서 어쩔수 없이 혼자 학교 앞 분식집에서 밥을 먹고 다시 학교로 돌아가다가 칼국숫집에 모여 있는 열댓 명의 과 친구들을 목격했습니다. 과 대표가 저만 빼놓고 애들을 데리고 가서 자기들끼리 밥을 먹은 거였어요.

순간적으로 충격이 왔고 당시 마음의 상처가 컸습니다. 물론 지금은 동기들과 잘 지내지만요. 그 상처가 거짓말 하나도 안 보태고 두 달이나 가더라고요. 나만 소외됐다는 느낌을 받으니까 그 무리에 섞이기도 힘들게 되고요.

심리학을 전공하는 사람들 사이에서 그런 일을 겪으면 더 기분이 나빠요. '저 친구들이 나를 심리적으로 배척하고 있나?' 하며 뭔가 더 분석하게 되고요. '나도 밥을 한 번 사면 자연스럽게 섞일 수 있을까?' 하는 고민도 해보게 됩니다. 하지만 학생이니 용돈이 넉넉하지 않잖아요. 그래서 대안으로 친구들에게 매일 '땅콩카라멜'을 한 개씩 줬어요. 그러고 나서 저는 왜 금권 선거를 하면 안 되는지에 대해 큰 깨달음을 얻었습니다. 일주일 지나니까 '땅콩카라멜'을 받은 친구들이 좀 살갑게 대하더라고요. 어떤 물질이 우리의 마음을 움직인 겁니다.

분명 부정선거가 있으면 안 되고, 금품을 살포하면 당연히 안 됩니다. 큰일 나죠. 그런데 왜 그걸 금지하겠어요?

효과가 있기 때문이에요. 선거에서 금품을 받은 사람이 '이런 나쁜 짓을 했으니까 저 사람 절대로 찍지 말아야겠다.'라고 생각할 것 같죠? 아닙니다. '받은 게 있으니 그래도 뽑아줘야지.' 하며 지지를 합니다.

금품 살포의 심리학을 말하려고 하는 건 아닌데 이 주제와 전혀 관련이 없지는 않습니다. '저 사람이 나한테 호감을 느끼고 있다.'라는 건 '마음'이죠. '저 사람이 나와 잘 지내고 싶어하는 것 같다.'라는 것도 '마음'이에요.

마음은 몸과 크게 다르지 않습니다. 하지만 몸은 만질 수 있고 볼 수 있는데, 마음은 만질 수 없고 볼 수 없습니다. 그래서 마음을 '물질'로 만들면 진심을 전달하는 데 효과가 있어요.

내가 어떤 사람과 친해지지 못하고, 어떤 무리에 어울리지 못하고, 더 친해지고 싶은데 대화에도 끼지 못한다면 더 가까워져야 문제가 해결되겠지요. '가깝다'는 느낌을 너무 추상적이고 복잡하게 생각하지 말고 물리적으로 생각해볼까요? 물리적으로 가까워지는 거예요.

1차원적으로 생각해보자는 거예요. 여러 심리학 연구를 보면, 매우 추상적이고 형이상학적이고 고차원적인 문제를 단순화해서 답을 얻는 경우가 종종 있습니다. 늘 겉돌기만 한다는 생각이 들 때 먼저 다가가기 위해 어떻게 하면 좋을지에 대한 문제도 그렇게 접근해볼게요. 완벽하게 모든 문제를 해결할 수는 없겠지만 실마리 하나는 찾을 수 있을 겁니다.

2000년대 초반에 유행했던 흥미로운 사회 운동이 하나 있었습니다. 바로 호주에서 시작되었던 프리허그(Free Hugs) 운동입니다. 'Free Hugs'라는 피켓을 들고 있다가 포옹을 원하는 사람이 다가오면 안아주는 것인데요. 지치고 힘들고 고독한 현대인의 삶을 조금이나마 위로한다는 의미로 시작된 운동입니다. 처음 만나는 사람끼리 포옹을 한다니 어색하고 유난스럽다고 생각하는 사람들도 있었지만 수많은 사람들이 포옹의 힘에 대해 알게 되었고 아직도 프리허그 운동이 이어지고 있습니다.

최근 여러 과학 연구에서도 포옹이나 악수 같은 신체 접촉이 몸과 마음의 건강에 도움이 된다는 사실이 증명되고 있습니다. 얼마 전 네덜란드 신경과학 연구소의 연구자들은 대규모 연구를 통해 신체 접촉은 정신적 건강과 육체적 건강에 더 좋은 영향을 끼친다는 결과를 얻었습니다. 당연히 서로 신체 접촉에 대해 충분히 이해하고 합의한 상태에서 이루어진 실험이었고요. 어린아이보다는 나이가 많은 장년층에서 더 큰 효과가 나타났다고 합니다. 그리고 과학자들은 이 연구 결과를 토대로 인간의 삶이 더 나아질 수 있는 방법을 찾고 있습니다. 제가 이 논문에서 조금 독특하게 보았던 부분은 인간과의 신체 접촉이 아니라 담요 같은 부드러운 물건이나 로봇과의 접촉도 실험 주제였다는 건데요. 당연히 사물보다는 사람과의 접촉이 훨씬 더 건강을 개선하는 데 도움이 되었습니다. 생성형 AI가 아무리 발달해도 인간의 마음을 대체하지는 못한다는 것이겠죠.

굳이 연구 논문을 예로 들지 않더라도 여러분도 한 번쯤을 경험하신 적이 있을 겁니다. 저는 스트레스가 많고 너무 힘들었던 날, 누군가 말없이 토닥토닥해주기만 했는데도 위안을 느낄 때가 있었습니다. 신체 접촉의 효과는 우리가 상상하는 것보다 커서 엄마가 안아주고 친구가 토닥토닥해주는 것만으로 불안한 감정이 해소됩니다. 슬픔이, 고통이, 불안감이 잦아듭니다. 어렸을 때 배가 아프다고 하면 엄마가 따뜻한 손으로 배를 문질러주며 '엄마 손은 약손. 배 아프지 마라.' 하며 노래를 불러주셨던 경험 있으신가요? 엄마의 따뜻한 스킨십이 고통을 사라지게 하는 효과가 실제로 있다는 것입니다.

꼭 신체 접촉이 아니라 따뜻한 말만으로도 나에 대한 따뜻한 마음이 느껴져서 위로를 받을 때도 있습니다. 우리가 코로나19 팬데믹을 겪는 동안에는 대면과 접촉이 힘들었기 때문에 물질로 마음을 표현하기도 했습니다. 택배기사님을 위해 감사의 편지나 간단한 간식을 마련해놓는 풍경을 여러 곳에서 볼 수 있었는데요. 우리는 그런 미담을 들으면 가슴이 따뜻해지면서 감성의 온도가 올라갑니다. 실제로 만나고 접촉한 건 아니지만 그 물질을 통해 충분이 마음이 느껴졌기 때문입니다. 마음을 대신한 어떤 것이 나의 마음을 건드리고 만져주었던 것이죠. 연애를 한다면 전화나 문자로만 이야기할 게 아니라 직접 만나서 내가 사랑하는 사람의 손을 잡고 안아주어야겠죠. 스킨십이 중요한 역할을 합니다.

여기에서 더 나아가, 우리가 어떤 미래를 지향해야 하는지 보여주는 실험이 하나 있습니다. 마케팅 심리학자이자 토론토 대학교 마케팅학과 교수인 리아 카타파노Rhia Catapano는 우리가 앞으로 어떤 소통 개념을 가져야 하는지에 대해 정의해주었습니다. 리아 카타파노의 재미있는 실험을 소개할게요.[6] 우리나라에서는 거의 모든 신문 기사를 포털 사이트에서 무료로 볼 수 있습니다. 하지만 미국의 「뉴욕타임스」는 유료입니다. 일부만 무료로 제공하고 더 많은 기사를 읽으려면 돈을 내야 하죠. 리아 카타파노는 신문 구독에 관한 실험을 진행했습니다.

"오늘부터 「뉴욕타임스」 기사를 유료로 봐야 한다면 종이 신문으로 보실래요, 아니면 태블릿으로 보실래요? 구독료는 똑같습니다."

그러면 사람들은, '지금이 어느 시절인데 누가 종이 신문을 봅니까?' 하면서 온라인 구독을 신청합니다. 종이 신문을 신청한 사람보다 온라인으로 구독하겠다고 한 사람이 6배나 더 많았어요.

그러고 나서 그들에게 다시 이렇게 제안합니다.

A그룹 1년 동안 특별 할인 가격으로 종이 신문을 매일 배달해드립니다.
B그룹 1년 동안 특별 할인 가격으로 온라인(모바일) 구독을 하실 수 있습니다.

이렇게 제안하고, 1년 구독료를 최대 얼마까지 낼 용의가 있는지 묻습니다. 앞에서 6배 더 많은 사람들이 온라인으로 구독하는 쪽을 선택했습니다. 그런데 재밌는 건 A그룹, 즉 종이 신문을 구독하는 쪽이 온라인 구독을 하는 B그룹보다 3배 높은 금액을 제시했다는 겁니다. 대부분의 사람들이 온라인 구독을 선택했지만 우리가 더 마음을 쓰고, 뭔가 더 값을 치르고 싶은 건 '물질'이 있을 때라는 겁니다. 무언가 만져지는 것이 인간의 마음에 큰 영향을 끼칩니다. 이 연구는 우리는 디지털(온라인)을 선택하지만 물리적인 것(만져지는 것)에 더 마음을 쓴다는 것을 보여주었습니다.

물질 하나로 상대와 나 사이에 벽이 사라질 수도 있습니다.

만져줘야 해요. 만져지지 않는 걸로는 사람과 소통하기가 어렵습니다. '땅콩카라멜'이 왜 위력이 있었는지를 설명해주는 현상이기도 하죠. 가까워지고 싶은 사람을 위해서 작은 선물을 놔두세요. 비싸지 않아도 돼요. 그 사람의 마음을 상징하는 어떤 물질을 만지는 건 손을 만지는 것과 비슷한 효과가 있어요.

"

내 마음을 담은
어떤 물질을 만지는 건
눈에 안 보이는 마음을
직접 만진 것 같은
느낌을 줍니다.

"

아싸라고 생각되어 고민이 된다면, 좀 더 사람들과 가까워지고 싶다면, 조금이라도 더 용기를 내서 그 친구들에게 커피 한 잔을 놓든 캐러멜 하나를 놓든 박카스를 놓든 작은 물질을 나눠보세요. 그 물질을 만짐으로 인해 더 가까워졌다는 느낌을 받을 겁니다.

사람의 뇌를 햅틱haptic, 즉 촉감의 뇌라고 합니다. 인간은 촉감을 통해서 서로 더 가깝게 느낍니다. 부모자식 사이 또는 연인 사이에 더 많은 애정과 애착을 형성하는 것 역시 서로의 피부를 접촉하고 이를 느끼기 때문입니다.

신체 접촉에 관한 좋은 점을 말씀드렸는데, 이제 신체 접촉이 없을 때 어떤 일이 생길 수 있는지 무서운 이야기를 하나 해드리며 강의를 마칠까 합니다.

1965년부터 1989년까지, 24년간이나 루마니아를 통치한 니콜라에 차우셰스쿠Nicolae Ceaușescu라는 아주 악질적인 독재자가 있었습니다. 당시 루마니아는 공산주의 국가

였죠. 제2차 세계대전 종전 직후부터 1950년대 중반까지는 루마니아도 여타 유럽 국가들처럼 베이비붐이 불면서 출산율이 높았고 자연스레 인구도 급증했습니다. 하지만 1950년대 중반 이후 피임법이 보급되면서 출산율이 점차 하락하다가 1960년대 중반에 이르자 저출산 문제에 직면하게 되었습니다.

이에 차우셰스쿠는 피임과 낙태를 금지했고 피임기구를 수입하는 사람은 사형에 처하기까지 했습니다. 정말 악랄한 사람이죠. 그리고 모든 가정마다 자녀 4명을 두도록 강제했습니다. 반발하는 사람에겐 '금욕세'라는 걸 매겨서 세금 폭탄을 투하해버렸고요. 당연히 여러 가지 부작용이 있었는데 산모가 스스로 유산을 시도하다 죽기도 하고, 아이를 넷이나 낳았지만 경제적으로나 환경적으로 아이를 키울 수 없어 수많은 아이들을 국가가 운영하는 고아원으로 보내기도 했습니다. 차우셰스쿠의 인구정책이 고아 양산 정책이라고 불리는 이유입니다.

그런데 고아원으로 보내진 아이들은 과연 잘 양육되었을까요? 당시 루마니아 국가경제는 파탄 지경이었습니다. 당연히 고아원에 지원할 식량도 예산도 부족했습니다. 추운 겨울에 아이들은 추위에 떨어야 했지요. 인력도 부족하다 보니 정부는 고아원에 이런 지시를 내렸습니다.

"아이들이 울더라도 절대 안아주거나 반응하지 마라."

태어나자마자 고아원으로 입양된 아기들은 한 번도 따뜻하게 안겨보지 못했습니다. 독재정권이 무너지고 나자 15만 명 이상의 고아가 발견되었고, 그중 많은 아이들이 서양으로 입양되었습니다. 주로 3~5세 사이의 아이들이 입양되었는데, 뇌 발달이 느리거나 언어 능력이 떨어지는 것은 물론이고 극단적으로 소시오패스 성향을 보이는 아이들도 있었습니다. 이후 아이들에게 관심을 주고 풍부한 자극을 주자 정서는 조금씩 회복되었습니다. 가슴 아픈 사건으로부터 우리는 중요한 걸 깨달을 수 있습니다. 만질수 없으면 애착이 생기지 않는다는 것입니다.

애착은 애정보다 더 우선되는 개념이에요. 애착은 곧 터치, 스킨십입니다. 인간에게 촉감은 매우 중요합니다. 가까워지고 싶은, 좋아하는 친구가 있다면 어떻게든 손을 잡고 안아주어야 합니다. 그런데 바로 안아주면 이상하게 보거나 오해를 살 수 있습니다. 조심하셔야 해요. 그러니까 그전에 먼저 내 마음을 담은 물질, 촉감을 느낄 수 있는 걸 대신 건네주는 거예요.

아기들에게는 그 물질이 애착 인형입니다. 아기는 양육자와 밀착해 있으면서 스트레스를 조절하는 방법을 배워요. 넘어지거나 깜짝 놀라 울 때, 엄마나 아빠가 와서 안아주면 바로 안도감을 느끼죠. 양육자의 촉감, 체온, 냄새를 느끼면서 안정감을 찾고 스트레스가 낮아지는 겁니다. 아기가 자라면서 엄마 아빠와 떨어지는 시간이 길어지면 그때 아기는 엄마 아빠를 대신할 대상을 만들어두면서 자기만의 안식처를 찾습니다. 그게 꼭 인형 형태는 아니고 베개가 되기도 하고 이불이 되기도 해요.

애착 인형까지는 아니지만 나의 마음이 담긴 무언가를 친구에게, 동료에게 건넨다면 그 작은 조치 하나가 힘을 발휘할 겁니다. 가장 동물적인 것 같지만 가장 기본적인 것이에요. 이것이 나를 아싸에서 점점 인싸로 만드는 징검다리가 됩니다. 저는 '땅콩카라멜'로 했고요. 여러분도 여러분의 마음을 표현할 작은 물질을 준비해보시면 좋겠습니다.

나를 정말로 무시하는 사람
알아보는 법

"같은 부서에서 일하는 사람인데 대놓고 나를 무시합니다. 회의를 할 때 내 말을 안 듣고 반응을 안 하는 건 기본이고, 아예 인사도 안 합니다."

저도 이런 경험이 있습니다. 나는 인사를 했는데 본체만체 지나가버리거나 여러 명이 모여 대화하는데 내가 말할 때만 아무 반응을 안 하는 거예요. 그럴 땐 나라는 존재가 무시당하는 것 같은 기분이 듭니다. "나는 살면서 무시당했다는 느낌을 단 한 번도 받아본 적 없어."라고 말하는 사람은 거의 없을 거예요.

'무시받았다'는 느낌이 들면, 미묘하게 기분이 나쁘죠. 우리가 다양한 상황에서 빈번하게 느끼는 감정입니다. 어떤 상황에서 문득 가끔 느끼는 것도 힘든데, 이런 느낌이 일관되게 계속된다면 너무 괴롭고 고통스럽겠죠.

'무시한다'를 다른 말로 표현하면 '간과看過하다'입니다. 영어로는 neglect, ignore 등으로 쓰고 여기에는 방치하다는 뜻도 있습니다. 우리가 간과당하고 방치당했을 때도 '저 사람이 나를 무시한다'고 생각하게 됩니다. 나에게 무례하게 말하고 차별하고 냉대하는 것과 마찬가지로 나를 본체만체하고 방치할 때도 무시당했다고 느끼는 거죠. 특히 내가 어떤 행동을 하든 상대방이 거의 반응하지 않거나 늘 똑같은 반응을 보이는 것도 나를 간과하는 행동입니다.

간과란 내 행동의 변화를 그 사람에게 그대로 반영하지 않는다는 뜻입니다. 그 사람의 말과 행동에 내 행동의 변화를 반영하지 않는 것, 그게 바로 '무시'라는 행동입니다. 그래서 기분이 나빠지고 이런 감정이 오래 지속되면 무력

감을 느끼게 됩니다.

　미국의 심리학자 마틴 셀리그먼Martin Seligman의 연구를 예로 들어볼게요. 1967년 마틴 셀리그먼은 우울증에 대한 관심을 넓혀 '학습된 무기력learned helplessness'에 대한 연구를 시작했습니다. 먼저 실험 파트 1에서는, 개들을 3개의 집단으로 나누고 다용도 상자 기구 안에 넣어 실험을 했습니다. 1집단의 개들은 상자 안에 넣고 아무런 조치를 취하지 않았습니다. 2집단과 3집단의 개들에게는 임의의 시기에 전기충격을 똑같이 주었습니다.

　단 2집단의 개들은 레버를 눌러 전기충격을 멈추게 할 수 있었습니다. 상자에 가둬놓고 전기충격을 주면 너무 놀라고 고통스러워하겠죠. 그런데 어쩌다 실수로라도 상자 안에 있는 레버를 건드리면 전기충격이 없어집니다. 어느 순간 레버의 기능을 알아채면 전기충격이 올 때마다 이제 레버를 누릅니다. 고통을 없애는 방법을 터득한 거죠.

하지만 3집단의 개들은 레버를 눌러도 전기충격을 멈출 수 없었습니다. 2집단의 개들이 레버를 눌러 전기충격이 멈추면 3집단에게도 전기충격이 멈췄지만, 3집단은 언제 전기충격이 멈추게 되는지 알 길이 없었습니다. 그러니 그냥 임의의 시기에 충격이 멈췄다고 생각하게 됩니다. 자기의 의지와는 상관없이 말이죠.

'내가 어떤 행동을 해야 전기충격을 없앨 수 있을까?'

어떤 때는 전기충격이 멈추는데 왜 멈추는지는 알 수가 없습니다. 레버도 당연히 소용이 없고요. 어떤 짓을 해도 아무 일도 일어나지 않으면 어떻게 될까요? 완전히 무기력해집니다.

'어떤 것을 해도 세상은 안 변하는구나. 왜 아무것도 안 변할까?'

3집단에게 전기충격은 내가 어떤 행동을 하더라도 '벗어날 수 없는' 것이 되는 거죠. 자신이 무슨 짓을 해도 전기충격을 멈추게 하지 못하고 아무런 영향도 끼치지 못한다

전기충격

전기충격 없음

출처: Rose M. Spielman, PhD - Psychology: OpenStax, p. 519, Fig 14.22

는 것을 학습하게 되면서, 나중에는 아무것도 하지 않고 그 저 충격을 받을 때 고통스러워하기만 합니다.

충격적인 결과는 이 실험의 파트 2에서 나타났습니다. 동일한 세 집단의 개들을 데리고 같은 다용도 상자 기구에 서 실험을 했습니다. 이 상자는 가운데에 몇 인치 높이의 장벽이 있었고 그 장벽으로 2개의 직사각형 공간이 분할되 어 있었습니다. 모든 개들은 전기충격이 가해지고 있는 한

쪽에서 몇 인치 안 되는 낮은 장벽을 뛰어넘어 전기충격이 없는 다른 공간으로 도망갈 수 있었습니다.

1집단과 2집단의 개들은 전기충격이 가해질 때 빠르게 학습하여 옆방으로 건너가 전기충격을 피했습니다. 반면 3집단의 개들 대부분은 이전에 자신이 무슨 짓을 해도 전기충격에서 벗어날 수 없다는 것을 학습했기 때문에 도망치는 걸 포기했습니다. 전기충격이 가해지는데도 끙끙대기만 했어요.[7]

이 실험 결과는 무시받는 것, 간과당하는 것에 절대 익숙해져서는 안 된다는 교훈을 줍니다. 나를 계속 무시하는 사람을 가만 놔두면 내가 학습된 무기력에 빠지고 말아요. 갈등을 만드는 게 싫다고 피할 게 아니라, 대책을 세우고 벗어날 방법을 찾아봐야 합니다. 물론 사람 사이의 갈등을 해결하는 게 절대 쉬운 일이 아닙니다. 얄밉고 마음에 안 든다고 해코지를 할 수는 없잖아요.

일단 나를 무시하는 그 상대방, 버릴 건지 말 건지 결정하면 간단합니다. 늘 나를 무시하는 사람이지만 직장생활이나 사회생활에 필요하긴 해서 관계를 계속 유지해야 하는지, 필요한 존재이긴 하지만 그럼에도 불구하고 끊어내야 하는지를 생각해보자는 겁니다. 관계를 유지해야 한다면 어떻게든 이 갈등을 극복하는 험난한 과정을 거쳐야하고요. 그렇지 않다면 내 마음에서 깨끗하게 지우면 됩니다.

그런데 관계를 정리하기 전에 '무시당하고 있다는 느낌'이 혹시 내가 그 사람의 행동을 오해한 것인지, 정말 그 사람이 나를 무시하는 것인지를 확인해야 합니다. 이 테스트를 통해서 상대방이 나를 무시하는 사람이란 게 밝혀지면 관계를 지속하는 게 불가능하겠죠.

사실 저도 제 인생에 그런 사람이 있었기 때문에, 그때가 떠오르면 아직도 화가 납니다. 그래서 제가 '당신은 아웃이다' 하며 그 사람을 내 마음에서, 내 삶에서 지워버렸는데, 사실 그 사람은 그냥 수줍음이 많은 사람, 아직 어려서 모르는 사람이었을 수도 있지 않았나 하는 생각이 들 때가 있습니다. 그랬다면 제가 지워버리면 안 되는 사람이었고, 중요한 사람을 놓친 것일 수도 있죠. 그래서 테스트를 한 번 해보자는 겁니다.

나를 무시한다는 느낌을 계속 주고 있는 사람. 어떤 사람인지 다시 정리해보죠. 인사를 해도 잘 안 받고, 말을 걸어도 그때마다 시큰둥하게 답하고, 그래서 내 행동에 어떤 변화가 있어도 반응을 보이지 않는 사람입니다. 특별히 무슨 사건을 일으켜서 나를 괴롭히거나 억울한 피해를 입히지는 않지만 계속해서 나를 무시하는 사람이라면 내 마음속에서도 깨끗하게 정리하고 나도 그 사람을 더 이상 상대하지 않는 것이 좋을 겁니다.

그렇게 해도 되는 사람, 나도 똑같이 무시해도 되는 사람은 어떤 사람일까요? 내가 그런 사람을 어떻게 알아볼 수 있을까요? 제가 여러 연구 논문과 학술서를 보면서 고민하여 찾은 방법은 3가지입니다.

첫째, 도와달라고 말해보세요.

앞에서도 말했지만 우리나라 문화에서 누군가에게 도움을 요청하는 것은 '당신과 나는 한 팀'임에 동의한다는 뜻입니다.

관계를 개선하고자 할 때 필요한 말은 '고마워요.' 같은 감사의 말과 '미안해요.' 같은 사과의 말입니다. 서양의 개인주의 문화권에서는 감사와 사과가 관계를 개선하는 데 굉장히 중요한 역할을 합니다. 물론 우리나라에서도 중요한 역할을 하죠. 그런데 우리나라에서 더 중요한 한마디, 더 기저에 있는 한마디는 '우리'라고 하는 마음을 건드리는 말입니다. 바로 그 말이 '도와주세요.'입니다. 중요한 거래처 사람과 첫인사를 나누고 악수하면서 우리는 이렇게 말합니다.

"앞으로 잘 부탁드립니다. 많이 도와주세요."

"

나를 계속 무시하는 사람을

가만 내버려두면

내가 무기력해지고 맙니다.

"

"이번 일 좀 잘 도와주십시오."

"앞으로 저 좀 많이 도와주십시오."

이것이 우리나라식 인사예요. 영어에서는 누구도 "Help me."를 인사말로 쓰지 않아요. 우리나라에서 "많이 도와주세요."라는 말을 인사로 하는 이유는 '우리는 한 팀입니다.'라는 생각에 동의하길 바라기 때문입니다.

그러니 나를 무시하는 것 같은 사람에게 한번 도와달라고 해보세요. 굉장히 겸손하고도 친절하게 도와달라고 해보세요. 그런데도 여전히 나를 무시한다면 이제 결단을 내려도 좋습니다. 저라면 그 사람을 버리겠습니다. 그리고 최소한 나도 그만큼의 상응하는 행동을 하겠습니다. 내가 한 팀이 되어달라고, 한 팀이 되자고 손을 내밀었는데 그걸 뿌리쳤다면 더 이상 함께할 수 없는 사람입니다. 도와달라는 말에도 반응하지 않는 사람과는 희망이 없습니다. 이제는 단호해져도 됩니다.

이것이 상대방이 나를 진짜로 무시하는 건지, 아니면 내가 착각하고 오해한 것인지를 알아보는 첫 번째 방법입니다.

두 번째, 상대방이 사회적 경험이 충분한 사람인지, 나와 시대적·문화적 공감대가 있는지 살펴보세요.

우리는 직장이나 학교에서 나보다 어린 사람이 인사하지 않으면 특히 더 많이 분노하곤 합니다. 뻔히 내가 선배이고, 상사이고, 선생님인 걸 알 텐데 멀뚱멀뚱 쳐다만 보는 거예요. 그때 "요즘 애들은…"으로 시작하는 잔소리, 꼰대 소리가 나오죠. 하지만 한번 생각해보세요. 20대, 10대 때는 사회적으로 모르는 게 많을 수 있습니다. 사회적 소통 기술과 능력이 부족해요. 40대, 50대 중년들은 인생을 돌아보면, 지금은 절대로 저지르지 않지만 10대, 20대 때는 큰 파장을 일으킬 만한 실수를 한 번 이상 하셨을 겁니다. 왜? 사회 활동에 대한 지식이 없었거든요.

예를 들어볼까요? 어른과의 술자리에서 윗사람이 술을

따라주면 잔을 어떻게 받나요? 한 손으로 받나요? 아니죠. 두 손으로 받습니다. 어른이 물건을 건네면요? 두 손으로 받아야죠. 하지만 서양 문화권에는 이런 문화가 없어요. 오히려 와인을 따라주는데 두 손으로 받거나 물건을 두 손으로 받으면 이상하게 볼 거예요. 사회가 기대하는 행동을 해야 한다는 건 나이가 들고 교육을 받고 여러 집단을 경험하면서 알게 됩니다. 유치원에 가고, 학교에 가고, 알바를 하고, 직장을 다니면서요. 사회활동 환경이 달라짐에 따라 문화를 배우게 됩니다. 태어날 때부터 술잔을 두 손으로 받는 걸 알고 태어나는 게 아닙니다. 유전자에 새겨져 있는 게 아니에요.

이런 문화는 우리나라에서는 대부분의 사람들이 공유하고 있잖아요. 그런데 일반적으로 공유하고 있지 않는데 어떤 조직에서만 공유하는 문화도 있어요. 예를 들면 이런 겁니다. 어떤 조직에서는 술을 따를 때 술병에 붙어 있는 상표를 가리고 따라야 해요. 이런 관행은 우리나라에 사는데도 모르는 사람들이 많습니다. 그 조직에 속하지 않은 사람들은 당연히 모를 거예요. 그런데 그 조직에 속하는 어떤 사람이 그 관행을 모른다면 어떻게 될까요? 그 사람은 예의 없는 사람, 윗사람을 무시하는 사람이 됩니다.

두 손으로 잔을 받는 것부터 상표가 보이지 않게 술병을 잡는 것까지 모두 다 예절이에요. 사회적 약속이죠. 그 사회적 약속을 상대방이 모르고 있는 건데 내가 지금 오해하고 있는 건 아닌지 한번 생각해봐야 해요.

의외로 나는 자연스럽게 지키고 있는 것들, 예를 들면 어른이 술을 따를 때 두 손으로 받는 것, 면접장에서는 다리를 꼬지 않고 앉는 것 등을 상대는 모를 수 있습니다. 상대가 아직 사회적 합의를 완전히 이해하지 못해서요. 성격의 문제가 아니라 사회적 소통 기술과 능력이 부족해서 나한테 이런 불쾌감을 주고 있는 건 아닌지 한번 생각해볼 필요가 있어요.

동년배와 어울릴 때는 아주 따뜻한 사람인데 나에게만 다르게 행동한다면, 사회적 약속을 아직 숙지하지 못해서 이런 일이 생겼을지도 몰라요. 이렇게 성품과 사회성을 떼어서 생각해보면, 그 사람이 나를 정말로 무시하는 건지 아닌지 구별해낼 수 있습니다.

세 번째, 거절해보는 겁니다.

소시오패스 얘기를 해볼게요. 소시오패스는 필요할 땐 나한테 잘해주면서 단물이 다 빠질 때까지 이용해 먹습니다. 그리고 나에게 더 이상 얻어갈 게 없어지고 내가 완전히 소진되었을 때 나를 버립니다.

저에게 100 정도의 능력치가 있다고 가정해볼게요. 그런데 소시오패스가 다가와서 100의 능력치를 다 빼갔어요. 그 능력치가 돈이든, 일이든, 나는 이제 다른 사람에게는 그 능력을 나눠줄 수도 보여줄 수도 없습니다. 많이 약해진 상태가 되죠. 소시오패스는 이때 나를 버립니다. 더이상 빨아낼 게 없을 때, 제일 약해졌을 때요. 최악의 인간들이죠. 소름 끼치도록 싫은 이 소시오패스 유형이 의외로 많아서 주변에서 보거나 직접 당한 분들이 많을 겁니다.

소시오패스들은 머리가 좋습니다. 그래서 자신이 소시오패스인 걸 잘 안 들켜요. 잘 위장하죠. 그것이 소시오패스의 첫 번째 특징입니다. 그래서 더 위험한 거죠. 한편 사이코패스는 딱 보면 티가 나요. 굳이 전문가가 아니라도 뭔가 이상한 행동에서 그들이 사이코패스임을 감지할 수 있습니다.

소시오패스의 또 하나의 큰 특징은 거절을 거절하는 걸 잘한다는 것입니다. 거절의 퇴로를 막아버려요. 이것도 굉장히 위험한 요소예요.

사람들은 왜 소시오패스에게 당할까요?

소시오패스에게 당하기 시작한 순간부터 능력치를 다 뺏기기까지의 기간을 한번 상상해보세요. 당하는 사람들도 중간쯤엔 알아챕니다. 당하는 사람도 바보가 아니에요. 바보라서 당한 게 아니거든요. 그래서 그쯤에서 한 번 거절을 합니다.

"이제 나한테 그만 얘기해."

이때 소시오패스들이 뭘 잘하는 줄 아세요? 영화 〈슈렉〉
에 나오는 '장화 신은 고양이' 아시죠? 애처로워 보이면서
도 동정에 호소하는 표정이요. 내가 어렵게 거절했는데 갑
자기 피해자 코스프레를 하면서 연민에 호소합니다. 동정
심을 불러일으키거나 죄책감을 느끼게 하면서 책임을 물
어요. 그런데 그건 내 거절을 무시하는 거죠.

보통 사람들은 거절을 당하면, 무리한 부탁을 한 것 같아
서 미안해하고 "알겠습니다." 하고 받아들입니다. 소시오
패스들은 거절을 당하지 않으려고, 거절을 거절해버립니
다. 나를 무시하는 거죠. 내 의사를 무시하고 계속 나를 착
취하는 거예요.

거절해보셔야 해요. 나를 무시한 사람에게 거절을 한 번
도 해보지 않은 상태에서는 그가 소시오패스인지 아닌지
알 방법이 없어요. 진짜 나를 무시하는 사람인지는 그 사

람이 나에게 어떤 부탁이나 제안을 했을 때 거절을 해봐야 알 수 있어요. 거절했는데도 계속 무시하고 나한테 계속해서 부탁이나 요구를 한다면, 진짜 나를 무시하는 거 맞습니다. 그때 거절의 용기가 필요합니다. 진짜 나를 무시하는 인간인지 알아보기 위한 중요한 도구가 되거든요.

거절 못하는 성격을 가진 사람은 계속해서 2차 피해, 3차 피해를 당하게 됩니다. 사실 거절하는 게 참 어렵죠. 저도 참 어렵습니다. 거절하기 진짜 힘들어요. 얼마나 민망하고 어색합니까? 상대방이 나를 어떻게 생각할까에 대한 고민을 얼마나 많이 하게 만듭니까? 그런데 거절할 용기를 꼭 내야 하는 이유는, 상대가 나를 호구로 보는지 아닌지를 알아보는 가장 중요한 방법이기 때문이에요. 거절을 한 후 그 사람의 반응을 보세요. 거기서 그 사람의 진짜 모습이 나옵니다.

도와달라고 해보고, 그 사람의 성격이 아니라 사회적 기술이 떨어지는지를 살피고, 거절을 해보면 진짜 나를 무시하는 사람인지 아닌지 웬만하면 알 수 있어요. 그리고 정말 나를 무시하는 사람이라는 결론을 내렸다면 당장 관계를 끊는 용기를 내십시오.

하지만 이 3가지 테스트를 했는데 상대방이 나를 무시하는 사람이 아니라는 결과가 나온다면 그때는 나를 한번 돌아보시길 바랍니다. 나에게도 책임이 있을지 몰라요. 내 말과 행동을 한번 점검해보고 상대에게 조금 더 기회를 주는 것도 방법일 겁니다.

6강

체력과 뇌 기능은 연결돼 있다

수많은 여론조사 회사들이 연말에 직장인들한테 이런 질문을 합니다.

"직장에서 가장 나를 힘들게 하는 상사, 또는 내가 가장 싫어하는 상사는 어떤 사람입니까?"

아마 이런 설문에 응답해보신 분들 많을 겁니다. 수십 년째 이런 조사에서 항상 5위권 내에 들어가는 유형의 상사가 있습니다. 바로 결정하지 못하는 상사입니다. 우유부

단한 상사 때문에 불편했다는 거죠.

나를 특별히 괴롭히는 것도 아니고 내 돈을 뺏어가는 것도 아닌데 우리 모두는 결정하지 못하는 직장 상사를 최악의 상사로 뽑는 데 주저하지 않습니다. 다시 말해서 리더의 덕목 중에 결정력이 포함되는데, 결정하지 못하는 습관이나 기질을 고치지 못하면 리더의 자질이 부족한 사람이 된다는 거죠.

그런데 왜 이렇게 결정을 힘들어할까요? 여기에도 이유가 있습니다. 이유를 알아보기 위해 중요한 착각 하나를 되돌아볼 필요가 있습니다. 20세기에는 사람들이 이런 말을 많이 했습니다.

"많이 아는 것이 중요하다. 아는 것이 힘이다."

지식의 힘을 강조하던 때가 있었습니다. 그런데 20세기에 만들어진 이 말이 사실은 19세기까지 이어져왔던 속담 하나와 충돌합니다.

"아는 것이 병이다."

'아는 것이 힘'이라고 했다가 '아는 것이 병'이라고도 하는데, 도대체 어떻게 해야 이 두 명제가 조화를 이룰 수 있을까요? 그래서 사람들은 또 이렇게 얘기하기도 하지요.

"아는 것과 아는 것을 쓰는 것은 별개의 문제다."

이 말은 결정과 직접적으로 연관되어 있습니다. 많이 아는 사람이 있습니다. 그는 많이 아는 걸 사용해서 무언가를 합니다. 그게 결정이지요. 그런데 많이 안다고 해서 좋은 결정을 하는 건 아닙니다.

그렇다면 결정은 어떤 과정을 통해 도출되는 걸까요? 내 지식과 의지를 통해 만들어지는 것일까요? 그런데 혹시 나도 모르는 사이에 결정이 내려질 가능성은 없을까요? 이 2가지 중에 어떤 것이 얼마나 힘을 더 발휘하는지에 대해서 한번 알아보겠습니다.

유럽 각국을 대상으로 운전자들이 장기기증 프로그램에 참여하는 비율을 조사했습니다.

장기기증에 참여하는 운전자 비율 (단위 %)

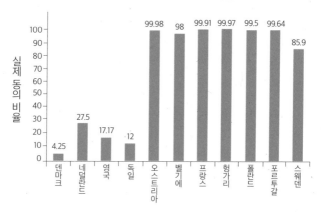

그래프를 보면 참여율이 100퍼센트, 98퍼센트, 86퍼센트 정도로 높은 나라들이 있죠. 그런데 덴마크, 네덜란드, 영국, 독일, 우리가 시민의식이 높고 선진국이라고 생각하는 나라에서 의외로 참여율이 낮았습니다. [8]

왜 이런 결과가 나왔을까요? 같은 유럽 대륙인데도 국가들 사이에 격차가 매우 큽니다. 조사를 했지만 마땅히 그 실마리를 찾지 못했어요. 그런데 어처구니없는 곳에 그 비밀이 숨어 있었습니다. 좀 허탈하기까지도 합니다.

우리나라도 운전면허 시험장에 가면 시험을 볼 때 원서를 작성하죠. 적을 게 꽤 많습니다. 좀 귀찮죠. 그런데 뒷면은 작성해도 되고 안 해도 된다고 합니다. 옵션입니다. 이러면 대부분의 사람들은 뒷면을 건너뜁니다. 진이 빠졌거든요. 그런데 어떤 나라의 운전면허시험 응시원서 뒷면에 이렇게 적혀 있습니다.

"장기기증 프로그램에 참여하고 싶으면 바로 옆에 있는 박스에 체크하세요."

이미 원서 앞면을 쓰면서 지친 사람들은 뒷면에 안내된 내용까지 유심히 볼 생각이 없습니다. 그러니까 당연히 장기기증 프로그램 참여율이 낮게 나타나겠죠. 그런데 어떤 나라의 응시원서는 이렇게 되어 있습니다.

"장기기증 프로그램에 참여하지 않으려면 옆에 있는 박스에 체크하세요."

여기도 원서 앞면을 쓰다 진이 빠진 사람들이 뒷장을 거들떠보지 않습니다. 이러면 거의 대부분의 사람들이 자동적으로 장기증여 프로그램에 참여하게 되는 거죠. 보건 분야에서는 이런 정책을 '옵트-아웃Opt-out' 제도라고 부릅니다. 생전에 장기기증 관련 서류에 반대 의사를 표시하지 않으면 자동으로 장기기증에 동의한 것으로 간주하는 거죠. 앞에서 본 그래프에서 장기기증 참여율이 높았던 나라는 옵트-아웃 정책을 시행한 나라이고, 그렇지 않은 나라는 생전에 명확히 장기기증 의사를 밝힌 사람들을 대상으로 장기기증을 진행하는 '옵트-인Opt-in' 제도를 채택하고 있었습니다.

우리는 많은 경우에 내 의지대로 판단하고 결정을 내리고 있다고 생각하지만, 이렇게 자기도 모르는 사이에 결정이 내려지는 경우가 꽤 많습니다.

20세기의 학자들은 인간이 생각을 해서 판단을 내리면 그 판단대로 우리가 결정하고 행동한다고 생각했습니다. 이것이 20세기까지 우리가 인간에 대해 가지고 있던 착각이었습니다. 우리는 생각한 대로 행동하지 않는 경우가 무척 많거든요.

얼마 전, 전자레인지가 고장나서 새 전자레인지를 사려고 마트에 갔었습니다. 그런데 계산대에 서 있는 제 손에 들려 있는 건 커피머신이었습니다. 생각과 행동이 달라진 겁니다. 새로 나온 화장품을 사러 백화점에 갔다가 가방이나 구두처럼 원래 살 생각이 없던 물건을 산 경험이 다들 있을 겁니다. 이렇게 생각과 행동이 일치하지 않는 경우가 꽤 많습니다. 20세기에는 그 이유를 이렇게 생각했습니다.

"머리가 나빠서 그런 거야. 인지 문제야."
"성격이 안 좋아서 그런 거야. 정서 문제야."
이렇게 2가지 중 하나라고 추측했습니다. 이것이 바로 그 유명한 IQ와 EQ 논쟁인데요.

"

결정은
그 어떤 일보다
힘듭니다.
그것부터 먼저
인정해야 합니다.

"

인간의 판단과 의사결정을 연구하는 심리학자들이 최근에 이런 주장을 하고 있습니다. 이성과 논리가 정서보다 언제나 우수하다는 생각은 틀렸다고 말입니다. 그런데 지난 100년, 즉 20세기에는 '이성과 논리'의 중요성과 우수성을 지나치게 역설했죠. '감정'은 나약한 것으로 푸대접했습니다. 인간이 저지르는 대부분의 실수나 오류는 감정 탓으로 돌렸고요.

그런데 21세기를 전후로 심리학자들이 연구를 해보니 그것이 큰 착각이었다는 것을 알게 되었습니다. 정서의 힘이 위대하다는 것을 지금껏 너무나 모르고 있었다는 거죠. 그리고 또 하나 발견한 점은 '결정이 정서에 의해 이루어진다'는 것입니다.

뇌에 정서를 담당하고 있는 영역이 망가진 사람들이 있습니다. 우리 뇌에서 이마 정중앙에서 왼쪽으로 비스듬히 지나가는 영역입니다. 이 영역이 손상된 사람들은 뇌 수술 후 일상으로 돌아갔을 때 별로 어려움을 겪지 않습니

다. 수학 문제도 잘 풀고 논리적 사고도 잘합니다. 당연하
겠죠. 정서와 감정을 담당하는 영역이 손상된 것이니까요.
논리적이고 이성적인 일은 문제 없이 수행할 수 있습니다.

그런데 이런 환자들에게 나타나는 중요한 특징이 있었
습니다. '오늘 점심으로 뭘 먹을까?' '내일 그 친구를 만날
까 말까?' '어떤 색깔의 옷을 입을까?'와 같은 아주 사소한
결정을 내리지 못하는 것이었습니다. 사적인 일뿐만 아니
라 '다음 분기에는 어떤 사업을 추진할까?' '이번에 제출된
기획안 중 어떤 것을 선택할까?'와 같이 공적인 일과 관련
된 부분에서도 도무지 결정을 내리지 못했습니다.

아무리 머리가 슈퍼컴퓨터 같으면 뭐 합니까? 이런 사소
한 결정도 못하는데요. 개인이든 조직이든 국가든 문명이
든, 나쁜 결정으로 인해서 망하는 경우보다 끝까지 결정을
내리지 못해서 망하는 경우가 더 많았습니다. 나쁜 결정을
피하고 신속하게 좋은 결정을 내리는 건 매우 중요한 일이
죠. 하지만 결정은 힘듭니다. 간단해 보이는 것 같지만 사

실은 너무나 어렵고 힘든 일이라는 것을 우리가 먼저 인정해야 합니다.

두 그룹의 학생들이 있습니다.

A그룹 학생들에게 여러 가지 물건들을 보여줍니다. 그중 스마트폰과 노트북을 주면서 이런 주문을 합니다.

"이 두 제품의 차이점을 비교 분석해서 계속 기록을 하세요."

B그룹의 학생들에게도 똑같은 물건을 보여줍니다. 대신 이 학생들한테는 앞에 A 버튼과 B 버튼, 2가지 단추만 놓고 이렇게 얘기합니다

"둘 중에 뭐가 좋은지 결정한 후 버튼을 누르세요."

얼핏 B그룹에서 해야 할 일이 더 단순해 보입니다. A가 좋으면 A를 누르고 B가 좋으면 B를 누르면 되니까요. 멀리서 보면 두 제품의 차이점을 열심히 써야 하는 A그룹 학

생들의 노동량이 훨씬 더 많은 것 같고, 뭐가 좋은지 결정만 하는 사람들은 편하게 일을 하는 것 같습니다.

이런 일을 1시간 동안 하도록 지시합니다. 1시간 후 실험 진행자가 약간 뜨거운 물을 대야에 담아 옵니다. 그런 다음 학생들한테 이 뜨거운 물에 손을 담가보라고 하죠. 열심히 차이점을 비교 분석했던 친구들은 그 물에 손을 넣고 난 다음에 "어이구. 좋다. 손이 부드럽게 마사지되는 것 같아요."라며 즐깁니다.

그런데 결정을 해야 했던 B그룹 학생들은 손을 넣자마자 "앗! 뜨거워!" 하며 얼른 손을 빼냅니다. 왜 그랬을까요? 똑같은 온도의 물인데 왜 두 그룹이 그렇게 다르게 반응했을까요? B그룹 학생들은 1시간 동안 과제를 수행하느라 탈진했기 때문이에요. 뜨거운 온도에 버틸 수 있는 힘을 다 잃어버린 거죠. 그만큼 결정하는 데는 많은 에너지가 듭니다.

아무리 사소한 결정이라도 결정을 시킬 때는 큰 배려를 해야 합니다. 어떤 사람이 지쳐 있다면 결정을 강요하면 안 됩니다. 나 스스로도 지쳐 있다면 결정을 내리려고 하면 안 됩니다.

일례로, 하루에 신체적인 에너지가 충만한 오전 10시와 11시 사이에는 회의를 하면 30분이면 끝납니다. 많은 사람들이 에너지가 충분한 상태이기 때문에 결정을 잘 내린다는 거죠.

그런데 일과가 끝나갈 때쯤인 4시, 5시, 심지어 7시, 8시가 되어 회의를 하면 사람들이 결정을 못 내리기 때문에 회의는 더 길어지고 스트레스가 훨씬 더 많아집니다.

만약 내가 지쳐 있다면 결정하려고 하지 마세요. 그리고 다른 사람이 지쳐 있다면 결정을 강요하지 말아야 합니다. 에너지를 회복할 때까지 기다려야 합니다. 결정을 내린 사람도 내 생각보다 훨씬 더 지쳐 있을 가능성이 높습니다.

그러므로 아주 간단한 일을 시킬 때도 조심해야 합니다.

그리고 연이은 결정을 강요하지 말아야겠죠. 내가 신체적으로 에너지가 충만한 상태에 있을 때 좋은 결정이 나옵니다. 우리가 세계 최고의 기업이라고 부르는 기업들을 보면 직원들이 잘 쉬고 건강 관리, 스트레스 관리를 잘하도록 돕는 데 많은 노력을 한다는 걸 알 수 있습니다. 잘 쉬게 해주는 회사가 결과적으로 좋은 성과를 내는 것처럼 보이는 이유는 바로 그 에너지를 통해서 결정을 제때 내리기 때문입니다. 결정하기에 앞서 신체적 에너지를 충분히 갖고 있는 게 중요합니다. 이 신체적 에너지로 정신적 에너지를 확보해야 한다는 것을 항상 명심해야 합니다.

"

인생이라는
장거리 경주에서
전력질주하지 마세요.
페이스를 잘 유지해야
안정감도 자신감도
따라옵니다.

"

3부
한발 더 나아가기

———

삶에 좋은 에너지를 더하는 법

1강
내향적인데도 성공할 수 있을까

직장에 다니는 분들은 제게 이런 질문을 자주 하십니다.

"내향적인 성격보다는 활발하고 사회성 있는 성격이 임원으로 승진할 가능성이 더 높을까요?"

학부모님들은 이런 질문을 하십니다.

"제 아이는 말도 없고 내향적인 성격이라 리더십이 있다고 보기는 어렵겠죠? 활달하고 외향적인 아이들이 학생회장도 하고 리더도 하는 것 같더라고요."

결론부터 말씀드리자면, 내향적인 사람이 훌륭한 리더가 되는 길이 따로 있고, 외향적인 사람이 훌륭한 리더가 되는 길이 따로 있어요. 각자 자기한테 맞는 옷이 따로 있습니다. 혹시라도 '나는 내향적인데 조직에서 사람들을 이끄는 리더가 되려면 성격을 바꿔야겠어.'라고 생각한다면 이제 여기서부터 큰 오류가 발생하게 될 겁니다.

한번 생각해볼게요. 인지심리학자들이 지난 60여 년 동안 인간에 대한 데이터를 무수히 많이 축적했는데요. 그동안의 연구 결과를 보면, 인간은 스무 살이 넘으면 2가지가 상수常數가 됩니다. 안 변해요. 변수가 아니라는 말입니다. 그런데 사실 최근 10년 전까지만 해도 이 2가지가 변수에 가깝다고 생각했어요.

그 2가지 중 첫 번째는 IQ입니다. 최근 3년 동안 IQ 검사 받아보신 분 있으신가요? 거의 없을 겁니다. 그런데 최근 3년 동안 건강검진은 꾸준히 받으셨을 겁니다. 건강은 변합니다. 우리가 무언가를 주기적으로 측정하고 검사한다는 건 거기에 변동성이 존재하기 때문입니다. 어떤 것의 변동성이 떨어지기 시작하거나 이미 떨어지면, 국가든 조직이든 그것을 주기적으로 측정하느라 예산을 낭비하지 않습니다. 그래서 어느 나라도 스무 살 넘은 성인의 IQ를 측정하지 않는 겁니다. IQ는 기초 사고 능력이죠. IQ는 잘 안 변합니다.

두 번째는 성격이에요. 성격은 열다섯 살만 넘어도 안 변하거든요. 그러면 이렇게 말씀하시는 분들이 있어요.

"무슨 소리예요? 저는 중학교, 고등학교 다닐 때 너무 내향적인 사람이었어요. 처음 만난 사람과는 말도 잘 못 했어요. 하루에 말하는 양 자체가 적었거든요. 그런데 직장 생활을 한 20년 하다 보니까 이제 처음 만난 사람이랑 얘기 잘해요."

어떤 분들은 아이를 한 10년 키우고 커뮤니티 활동을 열심히 하다 보니, 또 어떤 분들은 가게를 10년 운영하다 보니 말도 많이 하고 먼저 다가가는 적극적인 성격이 되었다고 하십니다. 그래서 예전에는 내향적인 성격이었는데 외형적인 성격으로 바뀌었다고요.

언뜻 맞는 말 같습니다. 가족이나 주변 사람들을 봐도 그런 사례는 쉽게 찾아볼 수 있으니까요. 그런데 그 경우를 면밀하게 검토해보면 대부분 성격이 바뀐 게 아니라 사회적인 기술이 향상된 것입니다.

사회적 기술. 영어로 소셜 스킬social skill이죠. 우리는 이 사회적 기술을 매너라고 부를 때도 있고 예의범절이라고 부를 때도 있고 화법이라고 부를 때도 있습니다. 그러니까 어떤 상황에서 어떤 용어를 선택해서 어떤 인터벌과 타이밍으로 얘기해야 할지, 또 어떤 때는 또 내가 잠시 말을 멈추고 귀 기울여 들어주어야 할지, 이런 밀고 당기는 사회적인 소통 능력이 향상되었을 뿐이지 성격이 바뀐 게 아니라는 거예요.

기초 사고 능력과 성격은 성인이 된 후에는 바뀌지 않습니다. 특히 성격은 더 그래요. 심리학자들은 성격을 '기질'이라고 부릅니다. 기질의 첫 번째 심리학적 정의가 뭘까요? '부모로부터 물려받은 유전적 형질'입니다.

그러니까 이 2가지 상수 중 특히 성격은 부모님으로부터 물려받은 거예요. 여러분 한 분 한 분 모두 다요. 그리고 결혼을 하면 나와 배우자의 유전자가 조합되어 그걸 자녀에게 물려주게 되겠죠. 성격은 일찍 결정돼서 잘 변하지 않습니다.

'낙천적'인 성격과 '낙관적'인 성격의 차이를 아시나요? '낙천적'이라는 것은 선천적으로 만들어진 성격입니다. 이 사람은 스트레스를 잘 받지 않습니다. '낙관적'이라는 건 뭘까요? 스트레스를 많이 받아도 좋은 일이 일어날 거라는 생각을 잃지 않는 거죠. 낙관성은 후천적인 노력과 연습을 통해 만들 수 있습니다.

대부분 낙천적인 성격이 좋은 성격이라고 생각하실 거예요. 그런데 연구 결과를 보면 낙천적인 사람보다 낙관적인 사람이 더 오래 살아요. 스트레스를 안 받는 사람이 오래 살 것 같은데 그렇지 않더라는 겁니다. 스트레스를 받아도 "잘될 거야."라는 말을 할 줄 아는 사람, 그런 생각을 잃지 않는 사람이 더 오래 삽니다. 더 중요한 건 낙천적인 사람보다 낙관적인 사람이 '건강 수명'도 더 깁니다. 낙관적인 사람이 건강을 잃지 않은 상태로 오래 살아요. 그리고 낙천적인 사람보다 낙관적인 사람이 더 훌륭한 리더가됩니다. 타고난 낙천적인 '성격'이 건강이나 사회적 성공에 지배적인 영향을 끼치지는 않습니다.

우리나라 사람들은 특히나 그렇습니다. 우리나라에는 낙천적인 사람이 별로 없어요. 우리 뇌에는 아난다마이드 Anandamide라는 신경전달물질이 있는데 이것이 사람의 낙천성, 즉 스트레스 받지 않고 쉽게 털고 일어나는 능력을 결정합니다. 그런데 이 능력이 우리나라를 비롯한 한·중·일, 극동아시아, 동아시아 국가가 전 세계에서 제일 떨어져

요. 북유럽의 중간 정도예요. 낙천성이 제일 높은 사람들은 아프리카 나이지리아 요루바인이에요.[9]

우리나라 사람들에 비해서 그 사람들은 낙천적이죠. 그래서 우리나라 사람들은 행복을 느끼는 데 불리한 뇌를 가지고 있다는 연구도 있어요. 하지만 낙관성에서는 우리가 얼마든지 추월할 수 있습니다. 낙천적인 사람보다 낙관적인 사람이 실제로 삶을 살아가면서 느끼는 행복감의 총량이 훨씬 더 큽니다.

따라서 리더십의 본질은 관점과 생각이지 성격의 문제는 아니라는 거예요. 일반 조직의 구조를 한번 상상해보세요. 리더의 수가 많은가요, 부하 직원의 수가 많은가요? 당연히 부하 직원의 수가 더 많죠? 리더는 한 사람이나 두 사람이지만 부하 직원은 수십 명 있잖아요. 그러면 어느 관점의 종류가 많겠습니까? 리더의 관점이 더 많겠습니까, 부하 직원의 관점이 더 많겠습니까? 당연히 부하 직원의 관점이 더 종류가 많죠.

나와 다른 관점을 가지고 있는 사람들이 얼마든지 존재할 수 있다는 걸 먼저 인정하는 것이 리더십의 출발입니다. 그래서 그 관점을 역으로 이용할 수 있는 사람은 훌륭한 리더, 존경할 만한 상사가 됩니다. 그런데 우리나라는 다양한 관점을 인정하기가 무척 어려운 나라입니다. 왜일까요? '다양하다'의 반대말이 뭔가요? '똑같다'죠. 우리나라 사람들은 동질적인 문화에 너무 익숙합니다. 그렇게 살아왔어요.

전 세계에서 찾아볼 수 없는, 우리나라에만 있는 독특한 일기예보가 있습니다. 미국, 중국, 러시아처럼 큰 나라에서 온 사람들은 우리의 일기예보를 이해하기 힘들어해요. 저녁 뉴스에서 기상 캐스터가 이렇게 이야기합니다.

"내일은 전국에 비가 내리겠습니다."

그러면 땅덩이가 큰 나라에서 온 사람들은 깜짝 놀랍니다. 왜? 그들이 살던 나라에서는 단 한 번도 '전국에' 비가 내린 적이 없거든요. 생각해보세요. 미국 전역에 비가 내

"

리더십의 본질은

기질이나 성격이 아니라

관점과 태도에

있습니다.

"

리면 기후 대재앙이에요. 중국 전국이 추우면 빙하기가 온 거예요. 그 나라 사람들은 한 번도 같은 날씨를 동시에 경험해본 적이 없습니다. 그러니까 관점이 다양하다는 것을 쉽게 인정합니다.

우리나라 사람들은 매우 동질적이라서 저 사람이 나랑 다른 행동을 하면 관점이 다르다고 생각하지 못하고 이해가 안 되니까 성격이 안 맞는다고 생각해요.

관점의 다양성을 잘 못 느끼는 집단은 단결을 잘하고 같은 목소리로 한 방향으로 나아가는 에너지를 갖고 있고, 신속하게 목표를 이룰 수 있습니다. 하지만 관점이 다양하다는 걸 많이 경험해보지 못했기 때문에 나와 다른 의견이 나오면 당황합니다.

한 인간의 내면에는 수십 가지의 성격이 있습니다. 딱 한 가지 성격만 있는 게 아니에요. 그 수많은 성격 중 무엇을 더 민감하게 쓰느냐에 따라 그 성격이 조금 더 드러나는 것일 뿐입니다. 그래서 심리학자들이 연구를 해봤더니 결론이 명확하게 나왔습니다.

기초 사고 능력과 성격은 기질입니다. 기질은 20대가 되면서부터 필요한 리더십, 창조성, 통찰력, 지혜에 거의 영향을 주지 않습니다. 정작 이때 중요한 것은 관점과 태도입니다.

특히 우리나라처럼 동질적인 문화에서 리더십의 출발점은, '다양한 관점을 인정하자. 다양한 관점을 이용하자. 다양한 관점을 같게 만드는 게 아니라 이용해야 한다.'라는 생각입니다. 이런 생각을 바탕으로 사람들은 점점 더 지혜로운 리더가 될 수 있죠. 오늘부터 나와 다른 말과 행동을 하는 사람들이 '나랑 성격이 안 맞는' 게 아니라, 이 순간에 '나랑 다른 관점을 가지고 있다'고 생각해보면 어떨까요?

어디서나 성공하는 사람의 비결

인간의 수명이 굉장히 길어졌습니다. 일부 학자들은 130세까지도 살 수 있을 거라고 말합니다. 그리고 이제 인간은 100세 넘게 살 가능성이 높습니다. 유명한 의사 선생님 한 분이 저한테 이렇게 말씀하셨어요.

"김 교수, 우리도 재수 없으면 130세까지 살아야 해."

처음에는 '너무 좋은 거 아니야?'라고 생각했는데 그분과 식사를 마치고 돌아오는 길에 생각해보니까 그 말이 의미심장하게 받아들여지더라고요.

잠깐 시선을 돌려서 기업에 대해 생각해보죠. 기업의 수명은 어떨까요? 점점 더 짧아지고 있어요. 기업의 수명이 50년이 넘는 경우가 별로 없습니다. 그것은 곧 평생직장이 별로 없다는 뜻이기도 합니다. 이 책을 읽는 분 중에 회사를 경영하는 대표님들이 있다면 듣기 불편하시겠지만 어쨌든 이것은 현실입니다.

오늘날에는 한 기업에서 경력을 시작해서 그 회사에서 은퇴하기는 어려워졌습니다. 인정할 수밖에 없습니다. 평생 동안 이직하는 횟수가 평균 5회 이상인 나라는 이제 흔하게 찾아볼 수 있죠.

그러니까 퇴사와 이직은 우리가 경험할 수밖에 없습니다. 우리가 학교를 졸업하고 새로운 학교에 들어가는 과정을 반복하듯이, 사회생활을 시작하면서부터 퇴사와 이직은 여러 번 경험해야 하는 현실이 되었습니다.

예전에는 퇴사하고 이직을 한다는 것이 사회적으로 큰

경험이었습니다. 이직을 경험한 사람이 드물다 보니 어쩌다 이직하려는 사람은 조언을 구하기도 힘들었습니다.

다른 회사에 다니다가 우리 회사에 들어온 사람들을 경력 입사자라고 하고, 우리 회사에서 나간 사람들은 퇴사자라고 하지요. 인지심리학자들은 이렇게 경력자로 새로운 직장에 들어가서 새로운 커리어를 시작하는 분들이 어떻게 하면 잘 적응하고 자기 역할을 제때 찾아서 더 좋은 커리어를 만들어낼 수 있을지에 관해 많은 연구를 했습니다.

처음에는 오리무중이었습니다. 단순히 "열심히 해라." "노력해라." 이런 말은 별로 의미가 없잖아요. 그러잖아도 열심히들 하십니다. 노력하고요. 우리나라는 전 세계에서 가장 열심히 일하는 나라잖아요.

놀 때도 제일 열심히 노는 나라예요. 유럽에 관광을 가서도 새벽 4시 반에 일어나는 사람들입니다. 유럽의 렌터카 회사 임원 한 분이 이런 얘기를 하신 적이 있어요. 유럽의 렌터카 업체 직원들은 동양인으로 보이는 관광객이 렌터카를 빌려서 2주 후에 반납을 하면 운전한 킬로 수만 보고 '아, 한국 사람이구나.' 한답니다. 2주 동안 유럽에서 렌터카 빌려서 3,500킬로미터 운전하고 돌려주는 사람은 한국 사람밖에 없어요. 참고로 서울에서 부산까지 420킬로미터입니다. 그런데 2주 동안 3,500킬로미터라는 거리를 운전했다는 것은 유럽을 광폭 질주했다는 얘기에요. 그 정도로 열심히 여행하고 한국에 돌아와서 3주를 앓아누워요. 우리는 그렇게 놀아야 논 거 같거든요. 열심히 산다는 거죠. 우린 다 열심히 합니다.

경력 입사자로 들어온 사람들의 태만을 이유로, 고과를 낮게 평가하는 기업은 거의 없습니다. 경력 입사자들은 대부분 그 누구보다도 열심히 일해요.

그런데 이직을 하는 과정에서 많은 사람들이 실수를 하고 있습니다. 내가 왜 이직하는지, 그리고 이직한 뒤에 새로운 직장에서 무엇을 해야 하는지에 대한 이유를 반대로 알고 있는 경우가 많습니다.

접근 동기는 좋아하는 걸 하는 욕구이고, 회피 동기는 나쁜 것을 피하려는 욕구이죠. 인간이 '나'라는 존재를 떠올릴 때는 접근 동기를 연결하고, 또 다른 자아인 '우리'를 떠올릴 때는 회피 동기를 연결합니다. 무슨 얘기일까요? 한번 친구에게 이런 질문을 해보세요.

"지인아, 너는 어떤 삶을 살고 싶어?"

그러면 대개 "나는 행복하게 멋지게 감동적으로 성공적인 삶을 살고 싶어."라고 말합니다. 좋은 게 있는 거죠. 접근 동기의 가치를 얘기해요. 이제 이렇게 질문해보죠.

"지인아, 너를 포함해서 너희 가족들이 어떻게 살았으면 좋겠어?"

이러면 대답이 달라집니다.

"아, 우리 가족? 우리 가족은 평화롭고 안전하고 무탈하고 화목하게 살면 좋겠어."

이건 좋은 게 있는 상태라기보다 나쁜 걸 막아내고자 하는 상태입니다. 좋아하는 걸 하고 나쁜 것을 막는 것, 둘 다 중요하죠. 근데 재밌는 건, 이 접근 동기의 '나' 그리고 회피 동기의 '우리'가, 정보를 찾아내거나 생각을 만들어내는 방법이 다르다는 겁니다.

"너 이거 잘하면 네가 좋아하는 걸 줄게."라고 하면 사람들은 이것저것 자꾸 찾아봐요. 즉 탐색합니다. 변화를 만들어내려고 하고요.

그런데 "너 이거 못하면 아까 줬던 거 뺏는다. 이거 잘못하면 처벌한다." 이렇게 회피 동기를 건드리면 사람들은 실패하지 않는 것에 집중합니다.

변화를 만들어내고 탐색하게 만드는 동기는 접근 동기예요. 한편 꼼꼼하고 실수 없이 집중해서 일을 하게 만드는 동기는 회피 동기죠. 일의 종류에 따라, 생각의 종류에 따라 접근 동기와 회피 동기를 다르게 쓴다는 거예요.

"

변화를 만들어내고
탐색할 때는
접근 동기를,
실수 없이 집중해야 할 때는
회피 동기를
써야 합니다.

"

이직을 결심하는 순간은 변화를 만들어내는 순간입니다. 새로운 곳을 찾으려고 하는 순간이에요. 이직할 때는 '나 이제 나가야 되겠다. 회사를 떠나서 좀 더 큰 날갯짓을 해야 되겠다.'라고 생각하면서 좋은 걸 가지고 싶어서 떠나려고 합니다. 의외로 '지금 있는 곳에서 더 이상 못 살겠어.'라는 생각만으로 떠나는 사람은 많지 않아요.

외국의 통계를 보면 많은 사람들이 재직 기념일에 이직을 결심한다고 합니다. 3년 재직 기념으로 회사에서 3년 근속상을 주면 '아, 이제 내가 다 이루었구나. 이제 새로운 에너지를 찾아야지.'라고 생각한다는 겁니다.

두 번째로 많이 이직하는 날은 자기 생일이에요. 왜일까요? 퇴사와 관련된 빅데이터 자료를 보면 '또 한 사이클을 돌았구나. 새로 태어나고 싶다.'라고 생각하면서 뭔가 마무리를 지은 것 같은 생각을 한다고 합니다.

사람들은 스스로 부족하다고 생각하거나 아직 나쁜 것

을 못 막아냈다고 생각하면 오히려 이직을 하지 않습니다. 이직은 새로운 결심이고, 변화를 만들어내는 힘이잖아요. 그래서 좋은 거죠. 좋은 것을 가지기 위해 사람들은 이직을 합니다.

근데 문제는 이직 후에 발생합니다. 이제 새로운 회사에 들어갔습니다. 이직을 완료했어요. 새로운 회사에 들어가면 이제 '나'가 아니라 '우리'로 바뀌죠. '나'의 새로운 걸 찾기 위해서 이직을 결심했으면서 새로운 회사에 들어가면 '우리'가 돼요. 그러니까 회피 동기가 생기기 시작합니다. 회피 동기가 생기면 좋은 것과 장점을 많이 볼까요, 싫은 것과 약점을 더 많이 볼까요? 네. 싫은 것과 약점을 더 많이 발견합니다.

이것이 바로 새로운 직장에 들어가서 내가 이직을 결심했을 때의 접근 동기를 유지하지 못하는 사람들이 저지르는 실수입니다.

새로 들어온 경력 입사자가 제일 많이 미움받는 경우는 어떤 걸까요? 저도 이직을 경험해본 적이 있는데요. 저는 기업에서 기업으로 옮겨본 적은 없지만, 군대에서 다른 부대로 배치받은 적이 있습니다. 1연대에서 2연대로 옮긴 거예요. 2연대로 옮긴 이후 저는 아주 열심히 일했는데도 오해를 받고 미움도 많이 받았습니다. 바로 이렇게 얘기했기 때문이에요.

"1연대에는 ○○이 있는데 여긴 ○○이 없어 아쉽습니다."

"1연대에는 이런 복지시설이 있었는데 여기도 그런 시설이 있으면 좋겠습니다."

그런데 저는 왜 자꾸 그런 얘기를 했던 걸까요? 이제 새로운 '우리'가 됐다고 생각하니까 회피 동기가 강해졌고, 새로 들어간 조직의 약점을 보완하는 것이 나의 역할이라고 생각했기 때문입니다.

실제로 새로 조직에 들어온 사람이, 기존 조직의 약점을 찾기 시작한다면 필연적으로 이전에 다니던 직장과 비교할 수밖에 없습니다. 그 결과 미움받기 쉬워지고, 오해받기 쉬워지고, "그러려면 여기 왜 왔냐?"라는 얘기를 듣게 될 수도 있죠.

그렇게 미움을 받던 나날을 보내다가, 한번 마음을 바꿔서 말을 이렇게 해봤습니다.

"제가 있었던 1연대에는 이게 없었는데, 여기 오니까 이런 게 있어서 좋습니다."

그러자 2연대 간부들이 저랑 같이 밥을 먹기 시작하더라고요. 왜 그랬을까요? 그분들도 몰랐던 사실, 제가 1연대에서 2연대로 옮기고 난 다음에 '뭐야. 저긴 있었는데 여긴 왜 그게 없어?'라며 자꾸 조직의 약점을 찾아내려 하고 보완하려고만 하니까 그들도 나에게 해줄 수 있는 일이 없었어요. 2연대에는 그 시설도 없고 그 기능도 없으니 간부들은 저한테 맞는 일을 찾지 못했던 겁니다. 그런데 제가 새로 들어간 곳에서 "우아, 이런 게 있어서 놀랐습니다."라고 하니 그분들이 이렇게 나와요.

"그래? 다른 데 다 있는 거 아니야?"

"아닙니다. 여기에만 있습니다."

원래부터 있던 사람들도 몰랐던 그 조직의 장점을 발견하기 시작한 겁니다. 그랬더니 조직이 그 일을 바로 저한테 맡깁니다. 저의 일을 바로 정해줘요.

정리하면 간단합니다.

처음에는 좋은 걸 가지기 위해서 나의 장점을 살리려고 새로운 변화를 만들어내는 접근 동기로 이직을 하지만, 막상 경력 입사자로서 새로운 직장에 들어가면 불안해집니다. 잘 적응할 수 있을까 걱정되고 겁나잖아요. 그 과정에서 자연스럽게 '우리'의 일원이 돼야 한다는 회피 동기가 생기고, 이 회피 동기로 인해 새로운 조직의 숨은 장점을 찾기보다는 그 조직의 약점을 자꾸 보완하려 듭니다.

반대로 "와, 이곳에 이런 숨은 장점이 있네요. 모르셨어요?"라고 얘기하는 순간, 조직은 자연스럽게 '어. 그러면 이 친구한테는 장기적으로 이 일을 맡기면 되겠다.'라는 결정을 하게 됩니다.

수많은 이직자들은 조직이 나에게 장기적인 일을 맡기지 않는다고 불안해하다가, 단기적인 관점에서 생긴 회피 동기가 버무려져서 스스로 악순환을 만들어냅니다. 조직이 나에게 장기적인 일을 부여하고 장기적인 프로젝트를 맡길 수 있도록, 조직의 기존 구성원들도 모르고 있었던 그들만의 장점을 발견하는 것은 매우 중요합니다.

3강

꼰대 소리 듣지 않고 잘 소통하는 법

　직장인들은 상사 별로 안 좋아합니다. 그런데 많은 임원들이 저에게 부하 직원이 맘에 안 들어 죽겠다고 말해요. 우리는 부하 직원일 때는 상사가 맘에 안 들고, 상사일 때는 부하 직원이 마음에 안 듭니다. 모든 직장에는 갈등이 많습니다. 이건 너무나도 자명한 사실입니다.

　이 문제를 함축적으로 표현하자면 우리는 나보다 나이가 많은 사람, 그리고 나보다 나이가 어린 사람들과 소통을 잘 못 해요. 세대 소통 부재. 세대 갈등. 이런 건 아주 오래 전부터 지금까지 시대의 키워드죠.

그래서 이 문제를 짧은 글 안에서 해결하기란 불가능합니다. 그런데 우리가 의외로 놓쳤던 부분, 정말 생각하지 못했던 부분 하나는 확실하게 말씀드릴 수가 있습니다.

인간에게는 욕구라는 게 있어요.

인간은 자신의 욕구를 채우기 위해 아이디어를 내서 다음 행동을 준비하고, 실제로 행동에 옮김으로써 사람들과 소통을 합니다. 그런데 욕구가 다르면 같은 상황에서도 전혀 다른 말을 하게 되어 있습니다. 인간의 욕구를 '방향성' 개념으로 설명해야 합니다.

에이브러햄 매슬로Abraham Maslow라는 학자는 '욕구 5단계설'을 주장하기도 했습니다. 어떤 사람들은 인간에게는 4대 욕망이 있다고 하고요. 성욕, 식욕, 금전욕, 명예욕. 아니다, 다섯 번째가 더 있다, 그게 와이파이다, 뭐 난리가 났었죠. (웃음) 그런데 이렇게 욕구를 나누는 방법으로는 인간의 진짜 생각을 만들어내는 욕구를 이해할 수 없습니다. 사람의 욕구를 이해해야 직장에서 왜 상사와 부하 직원이 서로 미워하고 갈등하는지가 보여요.

인간에게는 2가지 욕구가 있습니다. 첫 번째, 좋아하는 음식을 먹고 싶은, 좋아하는 그곳에 가고 싶은, 내가 좋아하는 사람을 만나고 싶은, 좋은 것을 누리고 싶은 욕구가 있죠. 접근 동기입니다.

그 반대 개념으로, 회피 동기가 있습니다. 회피 동기는, 내가 좋아하는 것이 아닌, 내가 싫어하는 것, 그 사람을 안 만나고 싶은, 내가 무서워하는, 그곳에 안 가고 싶은, 내가 끔찍이도 싫어하는 그 일을 막아내고 싶은 욕구를 말합니다.

사람은 누구나 대화를 할 때 이 둘 중 하나를 건드리면서 얘기를 하게끔 되어 있습니다.

지인이와 희철이, 두 아이가 있습니다. 두 아이 모두 같은 아파트 101호, 102호에 살아요. 지인이 아빠가 저녁에 지인이랑 밥을 먹으면서 이렇게 얘기합니다.

"지인아. 요즘 좋아하는 거 있니? 네가 푹 빠져 있는 게 뭐야?"

"요즘 제주도 너무 좋아요. 지난번 수학여행 때 다녀왔는데 꼭 다시 가보고 싶어요. 너무 좋아요, 제주도."

그 말을 들은 지인이 아빠가 이렇게 얘기합니다.

"이번 기말고사에서 평균 90점을 넘기면 제주도 가자."

이건 접근 동기를 건드리는 대화일까요? 회피 동기를 건드리는 대화일까요? 네. 접근 동기를 건드리는 대화입니다.

같은 날 저녁, 옆집의 희철이 아빠는 저녁을 먹으며 희철이에게 이렇게 말합니다.

"희철아, 아까 퇴근하면서 현관 앞에서 지인이를 만났어. 너 지인이랑 같은 반이라며?"

"네, 아빠."

"지인이가 한 달 후에 기말고사 본다고 그러더라."

"네, 아빠. 근데 걔는 왜 그런 걸 얘기하고 다녀요?"

"뭐 얘기할 수도 있지. 그런데 희철아, 요즘 싫은 게 뭐야?"

"아시잖아요, 아빠. 저는 걷는 거 제일 싫어해요. 저는 이 세상에서 걷는 것만큼 싫은 게 없어요."

"맞다. 너 걷는 거 태어날 때부터 싫어했지. 그럼 너 이번에 기말고사 성적 평균 90점 못 넘기면 나랑 지리산 가자."

너무 무서운 제안이죠. 지인이 아빠는 접근 동기를 건드려서 평균 90점 넘기자고 했는데, 희철이 아빠는 회피 동기를 건드렸습니다. 두 아빠 모두 자신의 아이에게 평균 90점을 넘기라고 요구하면서 한 명은 접근 동기로 대화하고, 다른 한 명은 회피 동기로 대화를 했습니다.

심리학뿐만 아니라 교육학, 경영학 등 인간과 관련된 학문이 접근 동기와 회피 동기 중에 뭐가 더 좋은지에 대해 100년 넘게 논쟁해왔습니다. 말도 안 되는 논쟁이에요. 왜인 줄 아세요? 뭐가 더 효과적인지는 그때그때 다르거든요. 대부분 70퍼센트 정도 되는 사람들은 접근 동기가 중요하다고 얘기하는 것 같아요. 다른 말로 하면 칭찬의 힘, 당근의 힘이 더 효과적이라는 거죠. 하지만 한 30퍼센트 정도 되는 사람들은 채찍, 즉 회피 동기가 더 중요하다고 주장합니다. 이 두 진영이 죽어라 싸웠어요. 지난 100년 동안. 의미 없는 논쟁입니다. 때에 따라 접근 동기가 중요하기도 하고 회피 동기가 중요하기도 해요.

접근 동기를 건드려서 대화를 해야 그 사람이 나한테 마음의 문을 여는 경우가 있습니다. 내 말을 듣고 '아, 이 사람 메시지가 진짜구나. 진심이구나. 아, 이 사람 말은 중요하구나.' 이렇게 진정성과 중요도를 동시에 느껴서 마음의 문을 열 때가 있어요. 반대로 회피 동기를 건드리면서 대화를 해야 오히려 마음의 문이 열릴 때가 있고요.

그런데 우리는 지금껏 엉뚱한 동기를 건드리는 실수를 많이 저질렀습니다. 접근 동기를 건드려줘야 하는 사람한테 회피 동기를 건드리거나, 회피 동기를 건드려야 설득되는 사람에게 엉뚱하게 접근 동기를 건드려서 마음의 문을 열려고 했던 거죠.

그런 경우 내가 진심으로 말하고 있는데도 그 사람한테 오해를 받을 확률이 커집니다. 내가 열과 성을 다해서 무언가를 추진할수록 일이 꼬일 확률이 증가하는 거예요. 진정성과 노력은 인간관계에서 전가의 보도, 만병통치약이라고 믿었는데 그것만 가지고는 안 되더라는 거죠.

접근 동기가 필요한 상황에는 접근 동기로, 회피 동기가 필요한 상황에서는 회피 동기를 사용하는 지혜가 필요하다는 겁니다. 그렇다면 언제 접근 동기를 자극하고 언제 회피 동기를 자극해야 할까요? 그걸 가르는 기준은 바로 '시간'입니다. 인지심리학자들이 20년간 수천 건의 연구를 해왔습니다.[10]

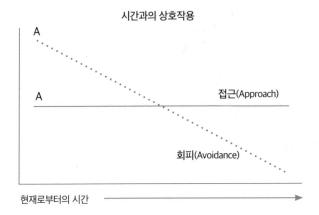

시간과의 상호작용

A

A   접근(Approach)

                                    회피(Avoidance)

현재로부터의 시간 ────────────────────────→

출처: Pennington & Roese (2003)

이 그래프 하나가 모든 걸 다 설명합니다. 직선으로 표현된 접근 동기가 설득의 힘을 발휘하는 경우가 따로 있고요. 반대로 점선으로 표현된 회피 동기가 사람의 마음의 문을 여는 힘을 발휘하는 경우가 따로 있죠. 각각 지역구가 따로 존재하죠. 그 기준이 시간이에요.

그래프가 시작되는 지점(A)은 '지금'입니다. 현재죠. 오른쪽으로 갈수록 미래예요. A에 있는 일들은 지금 당장 해야 하는 일들입니다. 오른쪽으로 갈수록 장기적으로 해야 하는 일입니다. 따라서 결실도 먼 미래에 얻게 됩니다. 길고 오래 해야 되는 일, 결실을 먼 훗날에나 볼 수 있는 일일수록 접근 동기가 사람의 마음의 문을 엽니다.

이런 일을 하자고 말할 때는 그 사람이 뭘 좋아하는지 알아야 합니다. 같이 일하는 사람의 성향을 파악하는 일이 그래서 중요합니다. 개인적인 관심사뿐 아니라 미래 계획, 비전 등도 알고 있어야 하고요. 친해져야 해요. '그걸 가지기 위해서 그 일을 같이 합시다.'라는 메시지를 전달해야 그 사람이 나의 말에서 진정성과 중요성을 느낍니다. 그때 설득될 확률이 올라간다는 거죠.

반대로 지금 당장 해야 하는 일, 안 하면 안 되는 일, 결과가 빨리 나타나는 일들은 회피 동기를 적용해야 합니다. 이런 경우에는 회피 동기가 사람의 마음을 제대로 열어요. 이때는 그 사람이 뭘 좋아하는지는 별로 중요하지 않습니다. 그 사람이 무엇을 무서워하고 무엇을 싫어하는지 알아내서 '그걸 막기 위해서 그 일을 합시다.'라고 얘기해주어야 그 사람이 나한테 마음의 문을 열어줍니다.

이렇게 심리학자들이 장기적인 일에는 접근 동기, 단기적인 일에는 회피 동기를 이용하는 것이 좋다는 결론을 내렸습니다. 이 한 장의 그래프를 얻기 위해 20년 동안 수천 번의 연구를 했는데, 이 원리를 심리학자들보다 한발 앞서 알아낸, 심리학자들의 라이벌 같은 어마어마한 존재가 이미 있었습니다.

바로 보험회사예요. 보험회사는 다른 욕구를 가진 사람을 정확하게 설득합니다. 보험회사는 2가지 종류의 전혀 다른 시간 상품을 팝니다.

"돈을 길게 저축해서 먼 미래에 혜택을 보는 상품에 가입하세요."
은퇴설계 상품이죠.

"오늘 당장 일어날 수 있는 일, 하루에 990원씩 내서 막으세요."

실손보험이죠.

그래서 이렇게 은퇴설계 상품의 광고에는 예외 없이 행복한 노부부가 전원주택에서 우아한 일상을 보내는 원더풀라이프를 보여줍니다. 접근 동기죠.

"이렇게 살고 싶으면 은퇴설계 상품에 가입하세요."

실손보험 광고는 분위기가 완전히 다릅니다. 무조건 기본 콘셉트는 이거죠.

"이런 꼴 안 당하시려면 지금 당장 보험에 가입하세요."

회피 동기를 건드릴 줄 아는 거예요. 놀라운 심리 마케팅이죠. 금융이나 보험상품은 길고 짧다는 객관적인 기준이 있지만 사람과 사람 사이에 있는 시간의 기준은 명확한 잣대가 없습니다. 객관적으로 같은 길이의 시간도 사람에 따라 그 길이가 다 다르다는 것입니다.

"

세대가 다르면
시간의 속도도 다릅니다.
시간의 속도를
나와 다르게 느끼는 사람과
소통할 때는 그 사람에게 맞는
동기를 찾아야 합니다.

"

대답할 가치도 못 느낄 만한, 말도 안 되는 질문을 해볼 게요. 어이없는 질문이죠.

"1년이 긴 시간인가요, 짧은 시간인가요?"

"누구한테는 길고 누구한테는 짧지."라고 답하시겠죠? 같은 사람인데도 1년이 짧게 느껴질 때가 있고 길게 느껴질 때가 있습니다. 그리고 언젠가부터 느끼셨을 거예요. 예전에 비해서 항상 가장 빨리 가는 1년은 '지난 1년'이에요. 이상하게 점점 나이가 들어가면서 세월이 빨리 갑니다. 실제로 이런 얘기 있잖아요. 세월은 10대에는 시속 10킬로로 가고, 50대에는 50킬로, 80대에는 80킬로로 가더라. 실제 연구결과도 그렇습니다. 인간은 경험이 많아지고 연륜이 쌓이면서 세월이 더 빨리 지나간다고 느낍니다.

이제 답이 나왔습니다. 세대가 다르면 시간의 속도도 다릅니다. 나와 다른 시간의 속도를 느끼고 있는 사람과 소통할 때는 거기에 맞는 동기를 건드려줘야 합니다. 이때 엉뚱한 동기를 건드리면 갈등을 빚게 되는 겁니다.

40대 중반인 사람이 시간의 축을 걸어 들어간다고 상상해볼까요. 그 사람을 기준으로, 더 나이가 많은 50대, 60대인 사람들은 상대적으로 시간이 더 빨리 간다고 느낍니다. 똑같은 하루지만 그들은 상대적으로 더 짧다고 느낄 거예요. 앞의 그래프상에서는 40대 중반보다 왼쪽에 있을 확률이 높죠.

그런데 저보다 더 나이가 어리고 경험이 더 적은 후배들, 20대, 30대들은 같은 시간이라도 더 느리게 간다고 느낍니다. 똑같은 하루지만 상대적으로 더 길다고 느끼죠. 앞의 그래프상에서 40대 중반인 사람보다 더 오른쪽에 가 있을 가능성이 큽니다.

그래서 나보다 경험이 많고, 노련하며, 나이가 많은 세대를 설득할 때는 그분의 회피 동기를 제대로 충족시켜주는 한마디로 시작해야 합니다. 즉 그 일을 함으로 인해서 어떤 걱정을 덜어낼 수 있는가, 어떤 것을 막아낼 수 있는가가 이야기의 시작, 설득의 시작이 돼야 해요.

나보다 경험이 적고 나이가 어린 사람을 설득할 때는 접근 동기의 첫마디로 시작해야 합니다. 그 일을 하면 뭐가 좋은지로 시작해야 해요.

그런데 우리 대부분은 이 첫마디를 거꾸로 사용합니다. 나와 다른 세대, 즉 나와 다른 경험의 양과 세월의 길이를 가지고 있는 세대, 나와 다른 시간의 길이를 느끼는 사람들에게 엉뚱한 동기를 건드려서 갈등을 일으킵니다. 내 상사가, 동료가, 팀원이, 후배가 밉고 싫고 나와 소통이 되고 있지 않다면, 나 스스로 올바른 동기를 건드리는 대화를 하고 있는지 살펴볼 필요가 있습니다.

4강

아무 생각 하고 싶지
않은 건 당연하다

일을 하다가 무언가 결정을 내려야 하는 상황을 만났을 때, 우리는 오랫동안 깊이 잘 생각해서 결정을 내리고 싶어 합니다.

그런데 과연 우리 인간이 그렇게 '오랫동안 많은' 생각을 할까요? 학생이나 직장인이기 이전에 한 인간으로서 우리는 그렇게까지 '많은' 생각을 하지 않을 가능성이 매우 높습니다. 여러분은 평소에 아주 많은 생각을 한다고 착각할 수 있습니다. 우리는 늘 '생각할 것' '고민할 것'들이 많으니까요. 하지만 우리 인간은 생각을 최대한 줄이는 것, 최소한의 생각을 하는 걸 가장 좋아합니다.

심리학자들은 이런 현상을 놓고 인간은 '인지적 구두쇠 cognitive miser'라고 이야기합니다. '인지적 구두쇠'란 1981년에 심리학자 수전 피스크Susan T. Fiske와 셀리 테일러Shelley E. Taylor가 명명한 용어입니다. 직립보행을 하는 인간이 뇌까지 피를 끌어올리기 위해선 상당한 에너지가 필요한데, 그러다 보면 신체 에너지가 너무 소진되기 때문에 신체는 이를 최소화하려는 경향이 있다는 겁니다.

구두쇠가 돈 쓰는 것에 인색하듯이 사람은 인지적 노력을 하기를 꺼린다는 것이죠. 그래서 생각을 하거나 문제를 해결할 때에도 에너지를 아끼려고 하죠. 피스크와 테일러는 인간의 인지 체계가, 느리더라도 정확한 처리보다는 다소 오류가 있더라도 더 빠른 처리를 선호한다는 것을 연구를 통해 증명했습니다.

재미있는 사실은 우리 뇌는 늘 활발하게 움직이고 있다

는 겁니다. 명상을 하거나 잠잘 때같이 차분한 상태일 때에도 뇌는 활동을 멈추지 않습니다. 그런데 이 뇌가 이렇게 부지런히 움직이고 있음에도 불구하고 생각은 몹시 게으릅니다.

이렇게 뇌는 부지런히 움직이고 있는데 왜 생각은 게으를까요? 우리 인간은 항상 생각을 그만둘 시점을 갈망하기 때문입니다. 한도 끝도 없이 생각할 수는 없지 않습니까?

한번 상상해보죠. 이번 주에 자동차를 사야 합니다. 그 전에 수개월 동안 어떤 자동차를 살지 고민했을 거예요. 자동차 브랜드, 가격, 연비, 안전성 등 수많은 요소를 체크하고 유튜브 리뷰 영상을 보며 내가 살 수 있는 자동차의 선택지를 좁혀나갔겠죠. 그리고 마침내 어떤 자동차를 살지 결정하고 나면, 그 순간 기분이 아주 좋습니다. 왜? 이제 그만 생각해도 되니까요. 뇌가 '이제 자동차에 관한 생각을 그만해도 되겠네.'라고 하니까요. 우리 인간은 의식적으로든 무의식적으로든 늘 생각을 그만둘 시점을 엿보고 있어요.

그런데 실제로는 좀 더 오랫동안 많은 생각을 한 뒤에 결정을 내리는 것이 더 좋을 때가 있습니다. 그렇다면 생각하기 싫은데 통쾌한 판단을 하고 좋은 아이디어를 얻고 싶은 마음의 괴리를 어떻게 좁혀야 할까요? 새로운 사고를 하기 위한 생각을, 또는 발상의 전환을 위한 순간들을 어떻게 만들어내야 할까요?

우선 유명한 실험을 하나 소개하겠습니다. 1931년에 미국의 심리학자 노먼 메이어Norman Maier가 문제해결 방법에 대해 연구하면서 실시했던 일명 '두 줄 문제The two-string problem'라는 실험입니다. 저도 저희 학생들을 대상으로 실험해본 적이 있습니다.

방 천장에 2개의 줄이 멀찍이 떨어져 매달려 있습니다. 두 줄의 간격은 실험 참가자가 동시에 잡을 수 없을 정도로 떨어져 있습니다. 줄 사이의 거리가 꽤 멀기 때문에 양

팔 길이가 긴 사람이라 하더라도 손이 닿지 않습니다. 실험 참가자들에게 2개의 줄을 보여주고 줄을 함께 묶으라고 합니다.

실험 참가자들을 돕기 위해 방 안에는 4가지 물건을 배치합니다. 이 4가지 물건은 정해진 것은 아닙니다. 저희 실험에서는 가위, 망치, 라이터, 의자를 주었습니다. 그 물건을 본 실험 참가자들의 표정은 대략 이렇습니다

'아니, 어쩌라고? 이 물건들을 왜 주는 거야?'

이런 식으로 당황, 불만, 짜증이 담긴 표정을 짓죠. '뭐 그래도 없는 것보다는 낫겠지.' 하고 살펴봅니다. 그러면 대다수의 학생들이 한 손에는 줄을 잡고 다른 손에는 가위나 망치를 한 번씩 들고 반대편 줄까지 팔을 뻗어봅니다. 하지만 닿지 못하죠. 이것저것 시도해보다가 해결책을 찾지 못한 참가자들은 이제 멍하니 서 있기만 합니다.

이 문제를 가장 세련되게 해결하는 방법은 줄 끝에 추 역

"

인간의 인지 체계는
느리더라도 정확한 처리보다는
오류가 있더라도
빠른 처리를 선호합니다.

"

할을 하는 물건을 묶고 흔들리도록 설정하는 것입니다. 한 쪽 줄을 잡고 있다가 추가 달린 줄이 왔다 갔다 하며 진자 운동을 하면 내 쪽으로 다가올 때를 기다렸다가 낚아채는 거죠. 극소수의 참가자만이 이 문제를 풀었습니다.

물론 해결방법이 이것 하나만 있는 게 아닙니다. 다른 방법도 많이 있어요. 저희는 참가자에게 계속해서 새로운 해결책을 요구하고, 새로운 해결책이 다 떨어질 때까지 이 작업을 계속했습니다. 그러자 대부분의 사람들이 또 멍한 상태로 아무것도 생각해내지 못했습니다. 발상을 전환하는 데 한계를 느낀 것이죠.

이처럼 인간은 새로운 생각을 하는 것을 힘들어합니다. 일단 한 가지 생각을 해내고 나면, 더 이상 투자를 하기 싫어하죠. 그렇기 때문에 우리는 '빠른' 생각을 좋아하기도 합니다. 빠르다는 건 생각의 양이 적다는 것을 의미하기 때문이죠.

"378819×914217은?"

"117222413225."

맞나요? 아닙니다. 당연히 틀리죠. 그런데도 사람들은 이렇게 복잡한 곱하기 문제를 내고 난 다음에 즉각 답을 말하면 틀린 답일 수 있다는 걸 알면서도 "와!" 하고 박수를 쳐줍니다. 정말 무서운 현상이죠. 답을 빠르게 말하기만 하면 무조건 찬사를 보낸다니!

그런데 우리는 어떤 문제에 빠르게 답을 할까요? 고정관념, 편견, 고착되어 있는 생각에 대해 즉시 답할 수 있습니다. 인간의 본성이 이렇기 때문에 생각의 양을 줄여서 빠르게 판단할 수 있게끔 만들어주면 인간은 그걸 무턱대고 좋아하기 시작합니다. 예를 들어볼게요. 미국의 심리학자 시나 아이엔거Sheena Iyengar의 선택에 관한 실험입니다.

슈퍼마켓에 2가지 잼 시식 코너를 만들었습니다. A 매대에는 6종의 잼을 진열했고, B 매대에는 24종의 잼을 진열했습니다. 그러니까 선택의 기회는 24종의 잼이 있는 B 매대에 무려 4배 더 많습니다.

다다익선일까요? 아닙니다. 실제로 사람들이 24종의 잼이 놓여 있는 시식 코너에 더 많이 가긴 갑니다. B 매대에는 손님의 60퍼센트가 들렀고 A 매대에는 손님의 40퍼센트가 들렀죠. 그런데 실제로 구매는 A 매대에서 더 많이 일어났습니다. 잼을 구매한 손님의 비율이 A 매대는 30퍼센트, B 매대는 3퍼센트였습니다. 6종의 잼이 놓여 있는 시식 코너의 판매율이 10배나 높았습니다.

왜 그랬을까요?

24종이나 되는 잼을 서로 비교하기란 어렵습니다. 그런데 6종은 몇 개 안 되니 이것저것 맛보면서 비교할 수 있습니다. 사람들은 오랜 고민 끝에 결정을 내렸다고 하지만, 사실은 환경이 결정을 내릴 수 있게끔 유도했기 때문에 결정을 내릴 때도 있습니다. 그래놓고선 '나는 빠르게 결정했다.' '내 의지대로 결정했다.'라고 착각하죠.

하지만 이런 것을 나쁘게만 볼 필요는 없습니다. 왜냐하면 우리가 2개 중에 어느 하나를 고를 때, 그러니까 단순한 결정을 할 때는 생각의 양이 줄어들면서 오히려 더 좋은 선택지를 고를 수 있거든요.

다른 예를 들어볼게요.

2개의 대안이 있습니다. A 안은 100퍼센트 확률로 5만 원을 잃습니다. B 안은 25퍼센트 확률로 20만 원을 잃고, 나머지 75퍼센트 확률로 아무것도 잃지 않습니다.

이 2개를 동시에 놓고 사람들한테 선택하라고 합니다. 그러면 생각이 많아지겠죠. 그러면 사람들은 이제 확실하게 무언가를 잃을 수밖에 없는 A가 무작정 싫어져서 빨리 B로 선택을 옮깁니다. 그런데 동시에 보여주지 않고 하나씩 살펴볼 수 있게 해주면 어떨까요? 이런 식으로 얘기하는 거죠.

"A는 B를 선택할 수 있는 대책(방비책)입니다."

다시 말해서 A를 먼저 보여주고 나서 B를 보여줍니다.

B를 보여주면서는 "아까 보여줬던 A를 선택하면 이 B에 대해서 걱정할 필요가 없어."라고 말합니다. 이젠 사람들이 A를 선택합니다. 확실한 소규모의 손실을 선택함으로써 더 큰 모험을 피하는 것이죠.

2가지를 따로따로 생각했기 때문에 가능한 일입니다. 이것이 바로 보험의 원리입니다. 확실한 작은 손실로 큰 모험을 피하는 것 아니겠습니까?

이런 식으로 우리는 어떤 것이 선택되도록 환경을 만들 수 있습니다. 변화를 만들어낼 수가 있죠. 대안을 줄여주면 우리는 심사숙고하여 결정을 빨리 내릴 수 있습니다. 반대로 대안을 많이 주면 사람들은 심사숙고하기보다는 대안이 줄어들 때까지 막연히 늑장을 부립니다.

이제 인간은 인지적 구두쇠라는 사실을 알았으니 우리가 지혜롭게 이용할 수 있습니다. 희생과 손실이 확실하게 필요한 결정을 내려달라고 부탁할 때는 생각할 시간을 줘

"

인지적 구두쇠인 인간은

필요한 정보만 간편하게

취하려 하기 때문에

확증편향에 빠지기도 쉽겠죠.

이는 스스로 늘 경계해야 합니다.

"

야 합니다. 몇 가지 중에 선택해야 할 때, 빨리 선택하라고 독촉하기보다는 대안 1, 대안 2, 대안 3 등을 차례로 보여주고 난 다음에 각 대안에 대해 차근차근 생각의 양을 투자할 수 있는 환경을 만들어주어야 합니다.

인간은 생각하기 싫어하는 인지 체계를 가졌고 늘 합리적으로 판단하진 않는다는 걸 이해하면 좀 더 나은 의사결정을 할 수 있게 될 겁니다.

5강

빠른 판단과 의사결정에
숨은 심리

우리는 단순히 'A와 B 중에 어떤 것을 선택할까?' 같은
가치중립적인 결정을 내리기도 하지만 공정이나 신뢰 같
이 도덕적 가치에 따라 결정을 내려야 할 때도 있습니다.
그런데 이때 조심해야 할 중요한 2가지 측면이 있습니다.

바로 신뢰와 직관적인 낙관입니다. 우리는 지금까지 신
뢰와 직관적인 낙관은 늘 좋은 것이라고 생각해왔는데, 그
것의 부작용, 그림자, 그늘이 생각보다 컸습니다. 사회과
학에서 많이 등장하는 게임 중에 '최후통첩 게임'이라는

게 있습니다.

먼저 최후통첩 게임에 참가한 사람들을 둘로 나눕니다. A는 '제안자' 역할을 하고, B는 '수용자' 역할을 합니다. 제안자는 소득을 몇 대 몇으로 나눌지 수용자에게 제안합니다. 수용자는 제안자가 제안한 내용을 수용할지 말지만 결정할 수 있습니다. 이렇게 하면 되지 않냐고 역제안하는 건 불가능해요. 수용자가 제안을 받아들이면 A와 B는 A의 제안대로 돈을 받고, 수용자가 거절하면 둘 다 돈을 받을 수 없습니다.

그런데 이렇게 제안자와 수용자가 있는 방에 갑자기 어떤 사람이 들어옵니다. 그러고는 제3의 인물인 이 사람이 제안자에게 10만 원을 줍니다. 그때 수용자는 제안자가 10만 원을 받은 것을 알죠. 옆에서 봤으니까요. 그런데 제3의 인물이 제안자에게 이렇게 얘기하고 방을 나갑니다.

"그 돈을 두 사람이 알아서 잘 나눠 가지세요."

이제 제안자가 제안을 하죠.

"분배를 8 대 2로 하자. 내가 8 너는 2."

제안자는 8만 원, 수용자는 2만 원씩 나눠 갖자고 제안합니다. 수용자의 입장에서 보면, 그냥 수용하면 공돈 2만 원이 생깁니다. 그런데 실제로 실험을 해보면 이 제안을 거부하는 사람이 훨씬 더 많습니다. 왜일까요? 불공평하다고 생각하기 때문이겠죠. 어떤 실험에서는 나한테 오는 2의 가치가 자기 월급에 해당하는 정도일 때도 이 제안을 거부한다고 합니다. 사람들은 불공평한 것, 불공정한 것, 불합리한 것을 그만큼 싫어한다는 거죠.

그런데 재밌는 현상이 있습니다.

우리 뇌에 배외측 전전두피질이라는 영역이 있습니다. 배외측 전전두피질은 전두엽의 일부로, 작업기억과 주의집중에 중요한 역할을 하며, 목표지향적 행동에 관여하고, 정보에 의거하여 논리적으로 판단하는 기능을 합니다.

이 영역에 손상을 입은 환자들은, 최후통첩 게임에서 수용자일 때, 아무리 제안자가 불합리하고 불공정한 제안을 해도 그냥 "네. 알겠습니다." 하고 받아들입니다. 심지어는 9.5 대 0.5여도 받아들입니다. 배외측 전전두피질 영역이 망가진 사람들은 불공정하거나 불합리한 것을 판단하지 못하는 걸까요? 아닙니다. 이 사람들한테 다시 물어봅니다.

"당신이 받은 제안, 9 대 1 혹은 9.5 대 0.5라는 제안이 공정하다고 생각하십니까?"

그러면 이 사람도 아니라고 대답합니다.

"아니요. 저도 불공정하고 몹시 불평등한 제안이라는 거 압니다."

"그럼 왜 이 제안을 받아들였어요? 왜 저 말도 안 되는 제안을 수용했어요?"

그다음 대답이 걸작입니다.

"왠지 제안한 사람이 믿을 만한 사람인 것 같아서요."

생면부지의 사람인데도 믿을 만한 사람인 것 같다고 말합니다. 왜 그런 것일까요? 배외측 전전두피질이라고 하는 곳은 신뢰를 판단하는 곳입니다. 그런데 그 영역에 문제가 생기니까 머리로는 불공정하다는 걸 알면서도 신뢰 점수를 비정상적으로 높게 부여해서 그 제안을 받아들이게 된다는 거죠.

뇌 손상 환자를 대상으로 하지 않더라도, 우리는 신뢰하는 사이에서 얼마나 불합리하고 불공정하고 불평등한 일이 벌어지는지 잘 알고 있습니다.

우리는 어떤 사람으로부터 제안을 받았을 때 그 제안이 도덕적이거나 윤리적이지 않으면 거부를 합니다. 비윤리적인 제안을 일명 검은 제안이라고 합니다. 그런데 실제로 검은 제안이라 하더라도 가족이나 연인, 부모님 같은 사람이 하면 따르기 십상이죠. 왜일까요? 믿기 때문이죠.

직장에서도 이런 관계가 만들어질 수 있습니다. 우리는

동료들과 서로 신뢰하면서 일합니다. 리더와 팀원 사이에도 신뢰가 형성되어 있습니다. 현재 리더이신 분이나 앞으로 리더가 되실 분도 지금 말씀드리는 이야기는 꼭 기억하시기 바랍니다.

팀원들 사이에 신뢰와 믿음이 생기면, 리더는 자기도 모르는 사이에 (하지만 팀원들은 인지하고 있는) 불공정하고 불공평한 일을 아무 생각 없이 따르게 만들 위험이 있습니다. 그렇기 때문에 내가 지금 하는 일이나 지시를, 나와 신뢰 관계에 있지 않은 또 다른 누군가로부터 검증받아야 합니다. 내 팀원들이 내 말을 맹목적으로 따르고 있는 건 아닌지, 아니면 아무 생각 없이 어떤 일을 시행하고 있는지 확인해봐야 해요.

히틀러와 히틀러 부하들의 관계, 독재자와 추종자들의 관계, 이단 종교의 교주와 성도의 관계에서만 그런 일이 일어나는 게 아닙니다. 직장이라는 공간에서, 신뢰받는 리더들이 오히려 부조리한 일을 할 수 있기 때문입니다. 그래서 우리가 그 믿음과는 무관한 다른 사람들한테, 늘 우리 관계, 우리의 대화, 우리의 의사결정 방식을 보여주고 점검을 받아야 하는 거죠.

아이러니하게도 낙관이 이제 또 다른 중요한 측면으로 작용하게 됩니다. 왜냐하면 믿음이 커지면 낙관적인 태도를 보이거든요. 일이 가능해서 낙관해야 하는데, 신뢰하는 관계에서는 낙관하기 때문에 그 일이 가능한 것처럼 보입니다. 신뢰의 파생상품인 낙관이 오히려 일을 망칠 수 있다는 거죠.

한번 살펴보겠습니다. 우리가 언제 낙관할까요? "잘될 거야."라고 생각되는 것은 낙관이죠. 갑자기 그 일이 어떻게 돌아갈 것인지 머릿속에서 빠르게 그려질 때 우리는 낙관합니다. "야, 그게 정말 되겠어?" 하는 순간에는 낙관이 안 만들어지겠죠. 이 순간은, 바꿔서 얘기하면 일이 어떻게 전개될지 머릿속에서 빨리빨리 그려지지 않을 때입니다. 생각이 빠르게 돌아가기 시작하면, 우리는 놀랍게도 그 일과 무관한 일들에 대해서도 직관적으로 확신하게 되면서 스스로를 확신시키는 사이클에 빠지게 되죠.

펜실베이니아 대학 조지프 시먼스Joseph Simmons 교수와 뉴욕 대학 레이프 넬슨Leif Nelson 교수가 재미있는 실험을 했습니다.[11] 실험 참가자들을 두 그룹으로 나누어 프로야구 경기 결과를 예측하게 한 것입니다. 참가자들 모두에게 A와 B 팀의 공격력, 수비력, 투수력, 타력 등 전력을 분석한 기사를 읽게 했습니다. 어떤 사람들은 A팀이 이길 거라고 예측하고 어떤 사람들은 B팀이 이길 거라고 예측할 것입니다.

그런데 한 그룹에게는 깨끗하게 인쇄된 전력 분석 기사를 줍니다. 그들은 평소대로 글을 읽어나갑니다. 다른 그룹에게는 흐리게 인쇄된 전력 분석 기사를 줍니다. 흐리게 인쇄된 자료를 받은 참가자들은 글자가 잘 안 보이므로 천천히 단어를 하나하나 확인하며 읽습니다. 읽는 속도가 느립니다.

실험 결과 깨끗하게 인쇄된 기사를 읽은 실험 참가자들이 A팀이 이기든 B팀이 이기든 자신의 예측이 맞을 거라고 확신하는 정도가 훨씬 높았습니다.

그런데 글자가 흐려서 읽기가 빠르지 않았기 때문에 생각도 빠르게 할 수 없었던 사람들은 A팀을 선택했든 B팀을 선택했든 자신의 예측이 맞을 거라는 확신이 그다지 높지 않았습니다. 조심스럽게 판단한다는 거죠.

하지만 두 그룹 모두 내용이 같은 기사를 읽었습니다. 유일한 차이점은 인쇄 상태였습니다. 인쇄 상태에 따라 읽기 속도가 결정이 된 거죠. 어이없게도 A팀과 B팀의 전력과 상관없이, 읽기 속도가 자신의 선택에 대한 확신에 영향을 끼쳤습니다.

이 실험 결과가 의미하는 것은 무엇일까요?
첫째, 맹목적 신뢰를 조심해야 한다는 것입니다.
둘째, 선택을 할 때 직관을 조심해야 한다는 것입니다.

믿음과 직관적인 낙관에 속지 마세요. 생각의 속도가 빨랐다는 것만으로도 확신이 생기고, 생각의 속도가 느렸다는 것만으로 믿음이 약해집니다. 빠른 생각은 지나친 확신과 무책임한 직관을 만들어냅니다.

꽤 많은 사람들이 이런 오류를 저지릅니다. 회의 직전에 그날따라 복사기가 잘 돌아가고, 컴퓨터가 빠르게 부팅되면, 왠지 그날 회의는 매끄럽게 진행될 거라는 믿음을 갖습니다. 기분 좋게 회의실로 들어가죠.

한편 그날따라 복사기에 계속 종이가 걸리고, 컴퓨터를 켰는데 윈도우 업데이트를 하고 있고, 커피를 마시려는 사람들의 줄이 길다면, 이제 사람들은 느리게 생각하기 시작하면서 '오늘 뭔가 안 좋은 일이 일어날 것 같다. 조심해야겠다.'는 생각을 하게 됩니다. 조심하고 경계하면서 회의를 앞두고 만반의 준비를 하게 되죠.

부풀려진 낙관주의에 빠진 사람에게는 업무와 상관없는

일도 느리게 처리해도 되는 환경을 만들어주세요. 반대로 지나친 비관주의에 빠져서 업무를 처리하는 데 필요한 에너지를 잃은 사람에게는 업무와 상관없는 일이라 하더라도 빠르게 처리할 수 있는 환경을 만들어주면 자신감을 회복하는 데 도움을 줄 수 있습니다.

어떤 일을 힘들어하거나 낙관주의에 빠져 있더라도, 그 일 자체를 바꿔서 생각을 고칠 필요는 없습니다. 다른 부분에 작은 변화를 주어서 실제 내가 원하는 영역에서의 생각의 변화를 얼마든지 만들어낼 수 있습니다. 큰 변화라고 해서 대단한 조치가 필요한 게 아닙니다.

타인과 나 그리고 삶

인간은 사회적 존재입니다. 홀로 존재하는 인간은 없습니다. 우리는 늘 누군가와의 관계 속에서 나를 생각하고 자아를 발견하며 보람과 좌절을 경험합니다. 그런데 우리나라는 그 사회성과 관계성을 중요하게 생각하는 문화를 가지고 있죠. 그래서 이런 말을 자주 합니다. 우리 한국인은 천국도 지옥도 관계 속에서 경험한다고요.

그런데 정말 재미있는 것은 우리가 그 관계 속에서 타인과 나 그리고 삶을 잘 알고 있다고 생각한다는 것입니다.

아닙니다. 우리는 정말 모릅니다. 세탁기를 아무리 오랫동안 사용해왔어도 정작 그 세탁기가 고장이 나거나 말썽을 부릴 때 그것을 고칠 능력이 없는 것과 마찬가지입니다. 우리는 그저 눈과 귀를 통해 많이 보고 많이 들었기 때문에 그것에 대해 알고 있다고 착각할 뿐입니다. 한 번도 그것의 작동원리와 구조를 알려고 하지 않았습니다.

저의 지인 중 이런 사람이 있습니다. TV든, 냉장고든, 세탁기든 한번 뭔가를 사들이면 먼저 모든 기능을 숙지하고 제품 기능을 아주 잘 활용할 줄 압니다. 저는 전혀 몰랐던 기능도 사용하고 있었어요. 고장도 잘 내지 않습니다. 고장이 난다 하더라도 손수 고칠 수 있는 것인지 A/S 센터에 갖고 가야만 고칠 수 있는 상태인지도 아주 잘 판단합니다. 그러니 살면서 불편함도 짜증도 훨씬 줄일 수 있습니다. 그 여력으로 그 지인은 더 많은 일에 집중하고 더 폭넓은 여가생활을 즐기고 있지요. 그 비결을 물으니 그 사람의 대답은 아주 간단했습니다.

"제품을 구입하면 매뉴얼을 읽어봅니다. 그리고 언제든 매뉴얼을 찾을 수 있게 한곳에 잘 정리해놔요."

비결은 사용 설명서에 있었습니다. 하지만 그 간단한 매뉴얼조차 제대로 읽지 않는 사람이 얼마나 많습니까? 그게 집 안 어디에 있는지 아는 사람도 별로 많지 않을 거예요.

트러블 슈팅trouble shooting이라는 말이 있습니다. 어떤 문제가 발생했을 때 그 문제가 생긴 원인을 종합적으로 진단하고 해결 방안을 찾는 일을 말합니다. 좋은 매뉴얼일수록 트러블 슈팅 사례가 잘 설명되어 있죠. 사람들이 자주 묻는 질문들, 많이 저지르는 실수, 제품에 대해 반드시 유의해야 할 점 등이 구체적으로 빠짐없이 실려 있습니다. 그래서 전자제품을 사용하다가 문제가 생겼을 때 그 매뉴얼만 보면 문제를 금방 해결할 수 있어요.

이 책은 이론서가 아닙니다. 생각의 단편을 모아놓은 에세이집도 아닙니다. 일종의 트러블 슈팅입니다. 쉬운 말로 썼지만 표현 하나하나에 고심했고 이론적 근거 하나하나를 확인했습니다. 앞으로도 독자분들이나 강연에서 만나는 분들이 많은 질문을 하시고 고민에 대한 답을 듣고 싶어하실 겁니다. 그러면 저는 심리학자로서 힘닿는 데까지 답을 찾으려 애쓰고, 한 인간으로서 비슷한 문제를 겪으면서 어떤 경험을 했는지 솔직하게 말씀드리려고 합니다. 이 책은 그 첫걸음입니다.

미주

1. Sullivan, G. M., & Artino, A. R., Jr (2013). Analyzing and interpreting data from likert-type scales. *Journal of graduate medical education*, 5(4), 541–542. https://doi.org/10.4300/JGME-5-4-18.

2. Liu, J., Zhu, L., & Liu, C. (2020). Sleep Quality and Self-Control: The Mediating Roles of Positive and Negative Affects. *Frontiers in psychology*, 11, 607548. https://doi.org/10.3389/fpsyg.2020.607548.

3. Kruglanski, Thompson, Higgins, Atash, Pierro, Shah & Spiegel (2000) To do the right thing! or to just do it!- Locomotion and assessment as distinct self-regulatory imperatives.

4   Diener E., Sandvik E., Pavot W. (2009) Happiness is the Frequency, Not the Intensity, of Positive Versus Negative Affect. In: Diener E. (eds) Assessing Well-Being. *Social Indicators Research Series*, vol 39. Springer, Dordrecht. https://doi.org/10.1007/978-90-481-2354-4_10.

5. Kim, K., Jeon, J., & Park, Y. (2014). Culture as an aggregate of individual differences. *Behavioral and Brain Sciences*, 37(3), 262-

263. doi:10.1017/S0140525X13002896.

6. Catapano, R., Shennib, F., & Levav, J. (2022). EXPRESS: Preference Reversals Between Digital and Physical Goods. *Journal of Marketing Research.* https://doi.org/10.1177/00222437211065020.

7. Seligman, M. E. P. (1972). "Learned helplessness". *Annual Review of Medicine* 23 (1): 407–412. doi:10.1146/annurev. me.23.020172.002203.

8. Johnson, Eric & Daniel Goldstein (2003) "Do Defaults Save Lives?" *Science* 302, no. 5649, 1338-39.

9. https://www.nytimes.com/2015/03/08/opinion/sunday/the-feel-good-gene.html.

10. Pennington, G. L., & Roese, N. J. (2003). Regulatory focus and temporal distance. *Journal of Experimental Social Psychology*, 39(6), 563–576. https://doi.org/10.1016/S0022-1031(03)00058-1.

11. Simmons, J. P., & Nelson, L. D. (2006). Intuitive confidence: Choosing between intuitive and nonintuitive alternatives. *Journal of Experimental Psychology*: General, 135(3), 409-428. doi: 10.1037/0096-3445.135.3.409.

김경일의 지혜로운 인간생활
블루캣 에디션

초 판	**1쇄**	**발행**	2022년	4월	15일
	6쇄	**발행**	2023년	9월	10일
개정판	**1쇄**	**발행**	2024년	4월	30일
개정판	**4쇄**	**발행**	2025년	1월	10일

지은이　김경일
발행인　정수동
발행처　저녁달

출판등록　2017년 1월 17일 제406-2017-000009호
주소　경기도 파주시 문발로 142 니은빌딩 304호
전화　02-599-0625
팩스　02-6442-4625
이메일　book@mongsangso.com
인스타그램　@eveningmoon_book
유튜브채널　몽상소

ISBN　979-11-89217-26-6　　03180